汉 字 百 讲

余世存 胡赳赳　著

浙江人民出版社

前　言

汉字与中国人

胡赳赳

《澄衷蒙学堂字课图说》初版于一九〇一年，被誉为『百年语文第一书』。二〇一三年由我发掘修复，经由合作出版社呈于公众，初心仅为令其重见天日，未料竟掀起一阵『字课图说热』，且历久不衰。各社竞相出版，家长皆以家藏一套『字课图说』为荣。

经典的复活与召唤

此间，我婉拒了多家出版社聘我策划新版本的意图。委实来说，良莠不齐的出版质量、功利夹杂的出版心态、随波逐流的出版环境，让我只想作壁上观，加之发愿已了，因此并未心动。

然而，对于『字课图说』我依然有想法未了，只是久埋在心底，静待机缘。修复的版本虽堪称面目『清晰』，但远未至『精良』，此之为一憾；假若没有相关的导读，书虽佳制，亦必会被束之高阁，此之为二憾。另外，经典的再现能否与时代相匹配，让读者感到耳目一新，也就是能否实现古典的现代化？这对出版者的要求相当高，因为一味地复古是刻舟求剑，将古典的精神融入现代感的设计之中，使古典能一并前行，才是古典的焕新。此之为心头一冀。

我这『二憾一冀』也快有五六年了。其间与学者余世存、出版人余玲反复讨论，确立主线，制订路线，更是得到了几位有才华的编辑人和设计师的全力襄助，此事乃成。

这便是奉献给读者的这套《澄衷蒙学堂字课图说：精讲复刻版》：它确乎是迄今为止最为精良的一个修复版本，三年来，几位编辑人和修图师以此为志业，方有这样的成果；它确乎是不仅有导读，而且将导读延展为两本书的精讲。这也是我和余世存先生的首次通力合作，因而有了《汉字百讲》和《中国字说》的出现，这两本书补充了现有语文教育的某些不足，至于是否有『济弊』之功，则要交给大众检阅了。这套书的设计，确乎是将经典进行『复刻』，既葆有经典的神髓，又有设计的美感，我们不能简单将其理解为『新中式』，恰恰相反，这是经典在个体身上的复活和生发。

因此，复刻版的《澄衷蒙学堂字课图说》是借由各方人士的力量，才得以具足面世。他们心系于一个伟大的道统，这个道统是文字的道统——我们的思维模式、我们的文化传承、我们的伟大复兴，都逃不脱中国文字这个基础能源。

守着中国文字这个巨大矿藏，披沙沥金者，绝无『乞讨』的可能和必要。这便是中国文字给予当代人的指归和信心。

对《中国字说》和《汉字百讲》，有必要多说两句。作为『字课图说』配套的『精讲』，起初，我和世存只是想撰辑一个薄薄的册子，予以少年儿郎们进阶的扶助。因此，从『字课图说』中拈了一百个最常见的汉字，进行解析和探讨，于是有了《汉字百讲》。又感慨于当今知文字训诂者不多，遂又有对中国文字学基本常识的讨论，于是有了《中国字说》。这

前言

人

些文字学的基本常识可谓是『学校不教、父母未学』。我们与文字之间的根源性关联，越发地淡漠了、退化了。这未免让人想起沙漠和绿洲的象征，假如我们多一些灌溉，便多几个读书种子的悟入，其中也必然有圣贤出现的可能。一俟圣人出，便又能荫庇后世，文化流长、精神传续则是必然。

没有汉字，就没有中国

如果没有汉字，也就没有中国。『中国』不仅是个地理和历史概念，更是个文化概念。历史百代更替，中国千秋未亡。夏商周的文字，现在还处在断代考古的过程中；春秋战国的六国文字，形成了古文学；秦代李斯一统文字为小篆，气象为之一统，是为今文学；汉隶由吏官文书所创，加快书写的同时也使文字由圆形变为方块字，气象又为之一变；此后行草真楷，纸帛书简，书艺和文艺，皆长盛而不衰，遂有古今一体的蔚为大观之象。

中国文字从形式到内容，都确立了中国人的基本范式，确立了人格、文化和书道的合一。我们当下面临的任务或觉醒集中在几个议题上：一、简体字的功过问题；二、传统割裂的问题；三、文化粗鄙的问题；四、文化自信培养的问题；五、道统传承的问题；六、常识缺乏的问题；七、文化观念解释权被垄断的问题；等等。

这些问题，长期积累而来，因此急不得。一点一滴来做，必然功不唐捐。『功不唐捐』是胡适的口头语，而胡适也是由『字课图说』发蒙，可以说是该书迄今为止最大的受益人之一。这个复刻版，假若胡适能看到，也会点头称善的吧。

不懂中国文字及由之承载的文化，是没有脸面称自己为中国人的。因此，『从汉字入手，学做中国人』是这套书的缘起。有些人想，『我就是中国人，还用得着学做中国人吗？』我想说的是，你离那个理想中的中国人还很远，诸多先贤大德，一辈子都在学做中国人。

最后要感谢浙江人民出版社慧眼识珠，玉成此事。『功不唐捐』一语，也是要转赠于它的。

目录

天地 001
山川 063
人事 137
字体检索 271

天

地

『天行健，君子以自强不息。』我们要学习『天』的精神，发奋精进，没有丝毫懈怠。但同时要避免偏颇，若人强梁太过，则不宜劝他『效天』，而应劝他『法地』，学习韬光养晦、含而不露。

天

天何言哉？四时行焉，
万物生焉，天何言哉？

《澄衷蒙学堂字课图说》(以下简称《澄》)起首讲“天”，可见对“天”字的重视。一个东西很大、很重要，我们有时会说“天字一号”。这个“天”，就是最重要的一个字。怎么比画它呢？一个人张开手臂，头顶上有一个抽象的空间。这个空间就是“天”。所以说，“天者颠也”。头顶是人身之天，天空是地球之天，太空是宇宙之天。

“天”有两个解释，一个是物理的天，比如“航天”“天空”；一个是哲学和信仰的天，如“天人合一”“人在做，天在看”。《新华字典》解释“天”，说是“比地高的地方”，采用的是物理的解释;《澄》书直言“至高无上曰天”，采用的是哲学的解释。

天有“先天”和“后天”。未生“我”之前是“先天”，生“我”以后是“后天”。“天才”和“天

赋”多指先天的能力，科学的解释是“基因”或“遗传”带来的。袁枚的《随园诗话》中有一名句“书到今生读已迟”，就是感叹后天的努力已经太晚了。

“昨天”和“明天”不仅仅是表示时间，“一天”意味着地球自转一周。因此，我们要提醒自己，“一天”也是个空间概念，地球又转了一圈了。“时间”和“空间”是一体的，是同时展开的，只是为了便于理解，强名为“时间”和“空间”。

“天行健，君子以自强不息。”我们要学习“天”的精神，发奋精进，没有丝毫懈怠。但同时要避免偏颇，若人强梁太过，则不宜劝他“效天”，而应劝他“法地”，学习韬光养晦、含而不露。

古人说，一家之中父为天，母为地。那么，为什么有这个类比？

大地永远沉默无言

地

『地势坤，君子以厚德载物。』万物生长，皆来自大地。大地有好生之德。大地永远沉默无言，忍辱负重，孕育万物，人们认为与母性的品质一致。

天地

《说文解字》(以下简称《说文》)说:“地,元气初分,轻清阳为天,重浊阴为地,万物所陈列也。”一个人顾盼自雄的时候,上顶为天,下立为地。地有土,故为土地。地之全体,是为地球。行必有方,故为地方。

《易经》言:“地势坤,君子以厚德载物。”万物生长,皆来自大地。大地有好生之德。大地永远沉默无言,忍辱负重,孕育万物,人们认为与母性的品质一致。有文字学家认为,“地”左边是土,右边是母性生殖器。另一派文字学家认为,右边是“蛇”,因为蛇藏在地下。

地球分为地核、地幔和地壳。人居住在地壳。地震是地壳快速释放能量过程中造成振动,其间会产生地震波的一种自然现象。现在科学家对地球依然知之有限,还不能准确预测地震。

鲁迅《野草》中说：“地火在地下运行，奔突。”这既是文学，也是科学。科学家认为地球越靠近中心，温度越高。地火经过地幔和地壳在压力作用下喷发出来，形成火山。

有一个故事是苹果掉落在牛顿头上，促使这位科学家发现了地心引力。什么是地心引力？有兴趣的读者可以找一找这里面的缘由。

宇

宇宙之广，
也不过是心灵之大

上下四方为宇，这是个空间概念。按照《说文》的解释，宇表示像乐器『竽』形状的屋檐，引申出边界、空间深远之意。南宋哲学家陆九渊言：『宇宙内事，乃己分内事；己分内事，乃宇宙内事。』他讲的是『心外无物』的道理，宇宙之广，也不过是心灵之大。

上下四方为宇，这是个空间概念。《说文》解释：“宇，屋边也。”宇，是屋檐之意。“于”乃指乐器“竽”，表示竽状的屋檐，多么形象。由此而引申为边界，同时也有空间深远之意。

“宇”可以组出很多很好的词汇。宇内，指四海之内，也指国家疆界。庙宇，气势非凡的建筑群。眉宇，人的眉毛很生动，眉毛像屋檐，故称眉宇。宇航，外太空航行。气宇轩昂，指人气概不凡——气宇是指气质、外貌。南宋哲学家陆九渊言：“宇宙内事，乃己分内事；己分内事，乃宇宙内事。”他讲的是“心外无物”的道理，宇宙之广，也不过是心灵之大。宇宙学既是天文学，也是理论物理学。科学家对宇宙的起源、宇宙大爆炸和宇宙的奇点提出了很多具有说服力的推论。浩瀚的宇宙能给我们很多灵感。

宙

庄子说：『有实而无乎处者，宇也；有长而无本剽者，宙也。』勉强可以翻译为：『具有实在的形体而看不见确切的处所，是因为处在四方上下没有边际的空间中。有成长却见不到成长的始末，是因为处在古往今来没有极限的时间里。』庄子认为『宇宙』是无始无终、无边无根的。

人类在空间中定居，
在时间中漂泊

古往今来为“宙”，这是个时间概念。“由”表示“起点、支柱”——宙多像宇宙的“奇点”啊，生物在宇宙中被发展出来了，继而人类在空间中定居、在时间中漂泊。

宙也指车上的盖。由，车轴也，引申为房屋栋梁。“宙，舟舆所极。覆也。”《说文》这样说。这种多义性，正是文字学上的兴味，有待于我们擦亮它。庄子说：“有实而无乎处者，宇也；有长而无本剽者，宙也。”勉强可以翻译为：“具有实在的形体而看不见确切的处所，是因为处在四方上下没有边际的空间中。有成长却见不到成长的始末，是因为处在古往今来没有极限的时间里。”

庄子认为“宇宙”是无始无终、无边无垠的。这和现今科学家的印证是一致的。有兴趣的读者可以读一读《庄子》，里面有许多小故事，颇具启发性。

五行之金难会

金

金指金属，金、银、铜、铁、铝合称『五金』；按五行学说，金的颜色是白色，对应的方位为西方，为秋天的肃杀之气。黄巢有诗『冲天香阵透长安，满城尽带黄金甲』，说的是菊花的香气和颜色。以金属比喻花卉，可见其豪迈与金戈之气。此诗作于落第后，可见意气难平。果不其然，后黄巢成为唐末农民起义领袖。

金，字形上看，是含在土矿中的金沙。其中两点代指金沙，下方是土，上方是“含”之意。

《说文》曰：“金，五色金也。黄为之长。久埋不生衣，百炼不轻，从革不违。西方之行。生于土，从土；左右注，象金在土中形；今声。凡金之属皆从金。”五金是指金、银、铜、铁、铝五种金属。五金商店，就是卖跟这些金属材料有关的用具的。

国家发行货币，通常要以一定量的黄金储备作为金融资产，抵御他国货币冲击。

金星是八大行星之一。金星要在日出稍前或者日落稍后才能达到亮度最大。它清晨出现在东方天空，被称为“启明”；傍晚处于天空的西侧，被称为“长庚”。

在中国五行学说中，火克金，金克木；土生金，金生水。金的方位是西方，颜色是白色。在中医学说中，金对应的人体器官是肺。

“众口铄金”是指人言可畏，能将金属熔化。“金缕玉衣”是汉代皇帝和高级贵族殓服，以金、玉缀成。黄巢有诗“冲天香阵透长安，满城尽带黄金甲”，说的是菊花的香气和颜色。以金属比喻花卉，可见其豪迈与金戈之气。此诗作于落第后，可见意气难平。果不其然，后黄巢成为唐末农民起义领袖。

物质之金易懂，五行之金难会。除了金属，五行之金还能对应什么呢？

木

人生一世，草木一秋

「木」就是一棵生长的树的形状，所以树、木经常连用。木本植物横截面上，有着年轮的痕迹，所以古人常以木喻人。《论语》说「朽木不可雕也」，形容一个人没有才能。《庄子》言「此木以不材得终其天年」，形容一个人因为没有才能而躲避了祸害。看似矛盾，实则是深有其意。

“木”字，是一棵树的形状，所以树、木经常连用。“休”字，就是一个人坐在树旁休息。“本”字，是指树木的根，“末”字是指树木的梢端，这两个多出来的一横，都是位置的标记。“本末倒置”是指颠倒了事物的根本和末梢，也就是主次颠倒、因果不分。一般来讲，较为柔软的植物为“草”，有坚硬枝干的为“木”。“一岁一枯荣”说的属草本植物，而木本植物横截面上则有着年轮的痕迹。古谚云“人生一世，草木一秋”，是对生命无常和短暂的感喟。

竹子属于“禾本科”，它是木质化的草本植物。香蕉树不是树，属草本植物芭蕉科。葡萄属于藤本植物，是木本的一种。月季是灌木植物，是木本的一种。在五行中，木是广义的，所有的植物都称为“木”。水生木，木生火；金克木，木克土。木的方位是东方，在中医学说中对应的身体部位是肝区，颜色是青色。双“木”成“林”，三“木”成“森”。“木、林、森”是造字学上的叠字乐趣。

《论语》说“朽木不可雕也”，形容一个人没有才能。《庄子》言“此木以不材得终其天年”，形容一个人因为没有才能而躲避了祸害。看似矛盾，实则有其深意。大家可以想想看，由于立场和目标不同，行为准则会发生怎样的变化。

水

君子遇水必观

「水」字就是描摹水流的波纹而创造出来的。「三点水」的字都和水有关，「两点水」的字和冰有关。「治水」是中国几千年来最重要的政治任务，因为农业社会需水灌溉，人们大多居住在河道两岸。而历史上水灾频发，这是个漫长的持续战斗的过程，留下大禹治水、李冰父子治水等诸多佳话。

水之形很好理解，水流的波纹。水和“川”的形状略有区别，“川”是从山上流下来的。古人就是这样造字，“近取诸身，远取诸物”。将所见抽象化，所思凝固化，变成图画文字。老子说“上善若水”；《荀子·宥坐》中，孔子说水“有德、有义、有道、有勇、有法”，因此“君子见大水必观焉”。它长流不息，能普及一切生物，因此有德；流必向下，不逆成形，或方或长，必循理，因此有义；浩大无尽，因此有道；流几百丈山间而不惧，因此有勇；安放没有高低不平，因此有法。水在五行中，代表液态。金生水，水生木；土克水，水克火。水的方位是北方，颜色是黑色，中医学说中对应的人体器官是肾。地球地表有 70% 是被水覆盖，人体的 70% 是由水构成的。

“三点水”的字都和水有关，“两点水”的字和冰有关。“治水”是中国几千年来最重要的政治任务，因为农业社会需水灌溉，人们大多居住在河道两岸。而历史上水灾频发，这是个漫长的持续战斗的过程，留下大禹治水、李冰父子治水等诸多佳话。

中国人爱讲“仁者乐山，智者乐水”，大家可以想想为什么这么说。

火

它改变了人类的命运

原始人用火来炙烤食物、驱逐野兽、增加热量。希腊神话中有普罗米修斯盗火的传说。两个火是『炎』，表示炎热之意；『焱』比『炎』热量更大，表示火花、火焰、光彩闪耀；『燚』也指火焰燃烧的样子，常用作人名。

“火”字的甲骨文字形，就是一个火的形状，象征着火热、光明。火改变了人类命运，最重要的是原始人利用火来吃烧烤熟食，驱逐野兽，增加热量。希腊神话中，也有“盗火者”的故事：普罗米修斯违反宙斯的禁令，将火种给了人类。

火性炎上，所以上呼吸道发炎，俗话叫“上火”。“炎”是炎热之意，“啖”或许就是吃烧烤，“淡”是降低温度和浓度。“焱”（yàn）比“炎”热量更大。“燚”（yì）也指火的形态——比如光明、热烈，常用作人名。“谈”呢，当然是有温度的讲话。

五行中，火的方位是南方，颜色是红，对应的身体部位是心区。木生火，火生土；水克火，火克金。五行是用五种元素的性质来概括、解释世间的一切事物：金、木、水、火、土。同时，这五种元素之间，又有着相互“促进”或者“抑制”的关系，也就是“生”和“克”。五行也可以从另外一个角度理解——“五颗行星”，也就是金、木、水、火、土五颗近地行星，它们的引力对地球生物施加的影响。这也是“天文”和“人事”的一种对应关系。古人看“天象”，知“人事”，就是寻找这样一种感应，这就是他们认知世界的方式。

土

大地用以吐生万物的介质

《说文》认为，土是大地吐生万物的介质。土和土叠加起来是「圭」字。「圭」最早是指「地上的刻度」，测日影用的。诗人艾青说：「为什么我的眼里常含泪水，因为我对这土地爱得深沉。」这种对「土地」的情感是人和人之间的共性，所以能引起共鸣。

《说文》是这样解释“土”字的：“土，地之吐生物者也。二象地之下、地之中，丨，物出形也。凡土之属皆从土。”翻译过来就是：土，是大地用以吐生万物的介质。上下两横的“二”，象地之下、地之中，中间的一竖“丨”，像植物从地面长出的样子。

也有人持反对意见，认为“土”中间的一竖不是冒芽，而是高出立面的土墩子。从甲骨文来看，也解释得通。自近代发现甲骨文之后，文字学家们改订了不少汉代许慎《说文》的旧说。因为许慎多从籀文和篆文入手来推论文字义理，而甲骨文多为商周时期文字，年代更早，更接近起源，因此也更能看出汉字流变的轨迹。

五行学说中火生土，土生金，木克土，土克水。土的方位属中，颜色属黄，对应身体部位是脾胃区。

“土”和“士”很像，需要区分。下面一横短，就变成“士”了，“士”在金文中的形象是一把战斧，引申为持武器的人。“士”是对某一个等级的人的尊称，如战士、文士。“土”和“土”叠加起来是“圭”字。“圭”最早是指“地上的刻度”，测日影用的。又叫“土圭”或“圭表”，也有用玉来做成刻度尺的。“娃”字显然是取玉意，而“洼”字显然是取土意。二者皆是形声字。“土”作偏旁部首的时候，就说明这个字和“土”有关。偏旁部首往往有归类的作用。如“王”字旁，大都和“玉”有关；“言”字旁，大多和说话有关。

诗人艾青说：“为什么我的眼里常含泪水，因为我对这土地爱得深沉。”这种对“土地”的情感是人和人之间的共性，所以能引起共鸣。“土”和“地”常连用，大家可以找找这二者的区别。

呵护好我们的生机

春

「春有百花秋有月，夏有凉风冬有雪。若无闲事在心头，便是人间好时节。」这首耳熟能详的诗，是宋代的无门慧开禅师所作。一年四时好景，如何欣赏？不带世俗眼光去看，不为俗务所累，便会进入纯然而然的审美境地。

现在多流行解释“三人日”是春，这个说法显然缺少依据。“春”上面是草丛，下面是日，指代天气转暖，万物萌生，也象征着早上太阳从草丛中升起。

“春有百花秋有月，夏有凉风冬有雪；若无闲事在心头，便是人间好时节。”这首耳熟能详的诗，是宋代的无门慧开禅师所作。一年四时好景，如何欣赏？不带世俗眼光去看，不为俗务所累，便会进入纯然而然的审美境地。

要不然，就会“伤春悲秋”，如李后主词：“春花秋月何时了，往事知多少。小楼昨夜又东风，故国不堪回首月明中。”这是典型的“牢骚”了，有牢骚要发，产生文学；超越牢骚，产生哲学和宗教。

春多生发之机，夏宜长养，秋则收敛，冬则闭藏。对于植物而言，春天发芽，气机在芽；夏天开花，气机在花叶；秋天结果，气机在果实；冬天闭藏，气机在根茎。

《黄帝内经》有“四气调神大论”，言“春三月，此谓发陈，天地俱生，万物以荣，夜卧早起，广步于庭，被发缓形，以使志生”。这说的是“春之道”，春天新陈代谢，呵护好这个“生发之机”就显得重要。散步，松动身体，感觉自己身体的“志气萌发”。五行上来说，春对应木，夏对应火和土（长夏为土），秋对应金，冬对应水。

《红梦楼》中，贾府四位小姐取名“元春、迎春、探春、惜春”，大致对应着早春到暮春，也叫“孟春（正月）、仲春（二月）、季春（三月）”。孟仲季为排序，大中小之谓也，表明先来后到。

一年二十四个节气中，和春天有关的节气有立春、雨水、惊蛰、春分、清明、谷雨。正月初一是中国太阴历的春节，立春是中国太阳历的春节。中国的历法是阴阳历合一的，俗称农历，有别于西方的公历。

中国的北方春天短，冰天雪地；南方春天长，有的地方甚至四季如春。那么，是四季分明好，还是四季如春好呢？

生如夏花之绚烂

夏

『华夏文明』起源于采摘和农耕，夏的原始含义就是一个人在进行耕种劳作的活动。泰戈尔说：『生如夏花之绚烂，死如秋叶之静美。』人活着，要热烈灿烂；人归去，要安静从容。

“夏”这个字有农耕文明的印记。夏的原始含义是一个人在进行耕种劳作的活动，而且有很多细节：字形上，一个粗壮的人，有头脑、四肢，拿着各种工具。甲骨文中人执锄，金文中执刀、卜、耒（翻地工具）。现在的“夏”字形中只保留了头和腿的样子。

“华夏文明”起源于采摘和农耕，“华”和采摘有关，“夏”和农耕有关。所以，“华”是采摘的图腾，“夏”是农耕的图腾。所以《说文》对夏字这样解释：“夏，中国之人也。”夏指中原地区的人，善于农耕。

夏也指夏季，一年中最炎热的季节。夏季包括立夏、小满、芒种、夏至、小暑、大暑这六个节气。《诗经·小雅》中的《四月》称：“四月维夏，六月徂（cú）暑。”夏季天气炎热，故学生都放暑假。佛教里有“结夏安居”，夏季修行人不外出，以免仪容不整，踏伤虫蚁。

夏为什么指夏季呢？专家援例《三礼义守》称：“夏，大也，至此之时，物已长大，故以为名。”清代文字学家朱骏声在《说文通训定声》一书中，对“夏”字已有类似解析：“夏，象人当暑燕居，手足表露之形。”

“生如夏花之绚烂，死如秋叶之静美。”出自印度诗人泰戈尔所作《飞鸟集》（郑振铎译本）。人活着，要热烈灿烂；人归去，要安静从容。

勤奋的人会“夏练三伏，冬练三九”，夏至日（阳历6月21日或22日）后第三庚日为初伏（有十天），第四庚日为中伏（有的年份是十天，有的年份是二十天），立秋（阳历8月7日或8日）后第一庚日为三伏，有十天。这样，三伏就有固定的日期了。按照这种规定，可以算出伏天在阳历的7月中旬至8月中旬。

六气是指“风、寒、暑、湿、燥、火”，六气太过，即为“六淫”，外邪侵入身体，以干其正。夏季多雨炎热，“湿、暑”二气易致病。夏天也是孩子们最喜欢的季节，因为暑假里可以自己安排时间。过一个身心健康的暑假很重要。

天凉好个秋

秋

「秋」有「秋虫」之意，郭沫若认为左边的「禾」实为秋虫触须的形状，加一个「火」，意指火烧害虫以为秋收。秋季天气由热转凉，秋分之前，秋高气爽，达到人体最适宜的温度和湿度；秋分之后，天气萧索，植物落叶。

天地

“秋”是秋虫之意。“秋”字的甲骨文，就是一个昆虫的形象，诸如蟋蟀之类。后有“火”字旁，郭沫若考证是火烧害虫以为秋收。“禾”实为秋虫之触须，简化至今为“禾”。

秋季天气由热转凉，“中秋过后，秋风是一天凉比一天”，这是鲁迅的描写。秋分之前，秋高气爽，达到人体最适宜的温度与湿度；秋分之后，天气萧索，植物落叶。这种变化，也能从秋天的六个节气名称看出来：立秋、处暑、白露、秋分、寒露、霜降。

“愁”这种心理状态和秋天有关，正是因为秋分之后，人体的气脉通道趋向于收敛，情绪会抒发不出来，因此容易产生“沉郁之气”。“而今识尽愁滋味，欲说还休，欲说还休，却道天凉好个秋”，辛弃疾此词，必得知道“秋”和“愁”的关系，才算读懂。

《素问·四气调神大论》：“秋三月，此谓容平，天气以急，地气以明，早卧早起，与鸡俱兴，使志安宁，以缓秋刑。”“秋刑”，指秋天肃杀之气对万物的摧折。古时统治者对犯人行刑，也在秋冬之季，称“秋后问斩”，以示“顺天行诛”。

“野旷天低树，江清月近人”，孟浩然刻画了秋之景象。野旷树低，盖因叶落；江清月近，盖因秋月明朗。秋天是收获的季节。春天播种为因，秋天收获为果。

冬

寒冷的季节，大雪纷飞

年终为冬，冬的『两点』表示天寒地冻之意。冬天，是一个寒冷的季节，大雪纷飞，人们围炉取暖，等待春天的到来。小动物也都准备好过冬的食物，躲到温暖的地洞里去了。

“冬者终也”，指的是事物结束时的样子。“冬”字的甲骨文字形，是一个记事的绳子打结的样子。年终为冬，“冬”的“两点”表示天寒地冻之意。冬后来专指冬天，于是加“纟”旁再造一个字“终”。所以《说文》这样解释冬：“冬，四时尽也。”冬季的节气有：立冬、小雪、大雪、冬至、小寒、大寒。冬至是指冬天至于极，是寒气最重的日子。冬天，是一个寒冷的季节，大雪纷飞，人们围炉取暖，等待春天的到来。小动物也都准备好过冬的食物，躲到温暖的地洞里去了。有些动物会“冬眠”，不吃不喝，等待春天打雷，大地震动，万物复苏。冬天虽然寒冷，但小朋友喜欢下雪。堆雪人、打雪仗、滑雪、溜冰都是令人开心的活动，北方还可以玩“冰灯”。

冬虫夏草，是冬虫夏草菌寄生在蝙蝠蛾科昆虫

幼虫上的子座及幼虫的尸体的复合体。冬虫夏草菌寄生于高山草甸土中的蝙蝠蛾科昆虫的幼虫，使幼虫身躯僵化，冬季形成菌核，夏季由僵虫头端抽生出长棒状的子座。其主要活性成分是虫草素，有诸多调节免疫系统的功能。

古时征战，北方条件艰苦，唐代诗人岑参写下了很多边塞诗，反映了那一时期将士的艰辛：“北风卷地白草折，胡天八月即飞雪。”南方还是秋天，北方已经在下雪了。

英国诗人雪莱的《西风颂》，有一句：“冬天来了，春天还会远吗？”当寒冷的冬天来临时，寒风瑟瑟，万物凋零，给人萧瑟之感。但不要忘了，在冬天之后，就是春天的降临，到那时，阳光明媚，草长莺飞，万物复苏，生机勃勃。诗人木心则是这样感叹自己的命运：“我是一个在黑暗中大雪纷飞的人哪。”

太阳照常升起

東

从甲骨文字形看，『东』字的本意是『行囊』，后来引申出方位的意思，大概古人出门经常需要问路吧。太阳升起于东方，故东方诸国有『日本』『朝鲜』，都是针对太阳而言，『太阳之国』，就是最早见到太阳的国度的意思。

东的本意是“行囊”。古人出门时，用棍和布包扎行李扛在肩头。也许是出门旅行要经常问路，故指东道西，渐渐就将“东”和“西”分别引申为方位。《说文》解释说：“东，动也。从木。官溥说：从日在木中。”这是未见甲骨文时依靠“拆字”作出的判断，并不正确。但“东，动也”确有来源，动的左边为重，“重”为大的东西、大的行囊。所以，“东”的意思首先是物件、行囊，其次才引申为方位词。“东家”“做东”，今人以方位来解释，但不似以本意解释为佳，“东道主”目前沿用方位解释为宜。“泥上偶然留指爪，鸿飞那复计东西”，苏东坡这首词里面，“东”还是表方位。

太阳升起于东方，故东方诸国有“日本”“朝鲜”，都是针对太阳而言，“太阳之国”，就是最早见到太阳的国度的意思。那么，远东、中东、近东分别指哪些国家？这种称呼是基于什么视角？

东边日出西边雨

西

『东边日出西边雨，道是无晴却有晴。』刘禹锡这两句诗，就是将自然现象和哲理联系起来，表明事物的阴阳转换关系。

西的来源有二：一说是女性使用的手提袋，大件行囊是东，小件行囊为西；一说是“栖”的本字，字形像鸟巢。《说文》就是这么讲的：“西，鸟在巢上。象形。日在西方而鸟栖，故因以为东西之西。”无论如何，后来“西”借指方位了。“东西”连用，还保留有行囊、物件的用意。

东是日出的方位，西是日落的方位。东方在五行属木，称为青龙，主生发之机；西方在五行属金，对应就是白虎，有肃杀之气。“东边日出西边雨，道是无晴却有晴。”刘禹锡这两句诗，就是将自然现象和哲理联系起来，表明事物的阴阳转换关系。

西施是春秋时期的越国人，因居住在村子的西头，又姓施，故以“西施”这个名字为人所知。西湖这一名字的由来，则是因为其地处杭州城西。苏东坡有名句：“欲把西湖比西子，浓妆淡抹总相宜。”

《西游记》是中国古典四大名著之一，讲述唐僧师徒四人克服种种磨难，前往西天取经的故事。“西天”又称“天竺”，就是现在的印度。西瓜就是由西域传过来的，所以被称为“西瓜”。

“祖师西来意”是被人引用最多的禅宗公案，师父常问弟子“何为祖师西来意”，看弟子如何作答，以试其理解和领悟的能力。达摩是禅宗始祖，一苇渡江，从西而来，“自达摩大师从西土来，只是觅个不受人惑底人”（《临济录》）。这句话，后来因胡适在北大毕业生典礼引用“不受惑”三字，而广为人知。

有很多成语和“东”“西”有关，比如呢？

南方有嘉木

南

「南」字的本义为打击乐器，后来引申为方位的「南方」。我们的居室以南北通透为佳，传统的住宅崇尚坐北朝南，既可以避北风又能保证阳光充足。好的茶叶也多产在南方，如普洱、乌龙、岩茶、龙井等，所以陆羽的《茶经》开篇就说：「茶者，南方之嘉木也。」

“南”字的本义为打击乐器，可能是铜鼓，后演变为钟及铙。这个字最初的形态，是系在舟上的小鼓，用于水上祭祀，供巫师念唱。因“南音”起于南方诸国，故引申为方位“南”。《说文》解释说：“南，艸木至南方，有枝任也。”许慎没有机会见到“南”的甲骨文字形，从篆文的字形推断得出这个解释，其实并不确切。

《诗经·小雅·鼓钟》有句子：“以雅以南，以籥不僭。”配以雅乐和南乐，籥管合奏出来的声音更纯正。

历史上有孔子见南子的故事。“南子”是春秋时期卫灵公的夫人，貌美而私德不好。孔子受邀而隔帘拜访，听到南子回礼时环佩的响声。《论语》记载：“子见南子，子路不说。孔子矢之曰：‘予所否者，天厌之！天厌之！’”子路对这件事情有不满，还惹得老夫子指天发誓。后来孔子跟随卫灵公和南子的车队出行，观察说：“已矣乎！吾未见好德如好色者也。”于是就离开了卫国。

“司南”是中国古代四大发明之一，又称“指南针”。据推测，其原理是将磁石打磨成勺形，放置于光滑的盘面上；由于地球南北两极的引力，磁石会始终指向一个方向，由此即可实现辨别方向的目的。

我们的居室以南北通透为佳，传统的住宅崇尚坐北朝南，既可以避北风又能保证阳光充足。好的茶叶也多产在南方，如普洱、乌龙、岩茶、龙井等，所以陆羽的《茶经》开篇就说：“茶者，南方之嘉木也。”

中国地域有南北之分，北方产生《诗经》，南方产生《楚辞》；北方产生儒家思想，南方产生道家思想。汉代尊庄子为南华真人，其著作《庄子》被道教尊奉为《南华真经》。而顾炎武则批评北方之人“饱食终日，无所用心”，南方之人“群居终日，言不及义”。

春秋时期的晏子曾说过：“橘生淮南则为橘，生于淮北则为枳。”同一种植物被种植在不同的地方，所结出来的果实也不尽相同。中国地域分南北，南方和北方还有哪些相通与相异之处？

找不到北

北

「北」是「背」的本字，两个人背靠背站着，后来引申出北方的意思。「找不到北」是一句俗语，是指摸不清方向，失去了主意。北方人多质朴豪爽，南方人多清秀灵动。一般认为，秦岭和淮河是中国南北方的分界线，但是广东人和东北人可能不一定这么认为。

"北"是"背"的本字，二人相背而立。背风为北，后将北指认为北方。"败北"是"败背"之意，也就是背向敌人而逃。《说文》解释说："北，乖也。从二人相背。"相随而从，相对而比，相背而北，相转而化。现如今，北字则多表方位：北方，北极。"找不到北"是一句俗语，是指摸不清方向，失去了主意。

北方人和南方人因地域、饮食、风俗的不同，而呈现出不同的气质和性格。北方人多质朴豪爽，南方人多清秀灵动。一般认为，秦岭和淮河是中国南北方的分界线，但是广东人和东北人可能不一定这么认为。

北京和南京在历史上都做过首都，民国时期就曾将都城从北京迁到南京。北京西北环山，中间一马平川，所以旧称"北平"。

人虽有南北之分，但佛性不分南北，这是禅宗有名的公案，说的是六祖慧能初见五祖弘忍时的对答——弘忍问："汝是岭南人，又是獦獠，若为堪作佛！"慧能坦然答道："人即有南北，佛性即无南北；獦獠身与和尚身不同，佛性有何差别？"

这个故事的背景是，当时的南方被北方人视为没有开化的蛮夷之地，所以五祖特以这种世俗人的眼光来勘验六祖的见地。南方人和北方人各有所长，应互相学习，取长补短，如此方能进步。

有一个成语叫"南辕北辙"，对这个成语你能否解出新意来？

日

万物生长靠太阳

日就是太阳：古人画的太阳，一个圆，中间一个点，代表太阳的中心，也许是古人观测到的太阳黑子。后来汉字由圆变方，演化为方块字，才有了今天的『日』字。『过日子』就是指从日出到日落，一天天过下去。

《说文》是这么解释“日”字的：“日，实也。太阳之精不亏。”太阳是个巨大的发光发热体，所以哪怕是这样昼夜不息地照耀，它的能量也没有亏损。地球主要靠太阳能供给热能和光能，也就是俗语说的“万物生长靠太阳”。

最初人们认为太阳围着地球转，这种理论就是“地心说”。后来科学家哥白尼（1473—1543）发现，原来地球是围着太阳转动不息的，这就是后来居上的“日心说”。

天上只有一个太阳，所以人间需要一个皇帝，这是封建纲常思想的统治术。如果照这个道理，整个地球应该只有一个君王才对——显然，事实并非如此。有两个国家曾经被称为“日不落帝国”，这就是西班牙和英国。它们因国力强盛，殖民和贸易的势力范围遍布全球，所以得了这个称号。

中国的儒家学者曾子说“吾日三省吾身”，他每天要多次反思自己的为人处世，看看有什么过错。

“日出而作，日落而息”，是古代农耕文明的写照。它来自《击壤歌》：“日出而作，日入而息。凿井而饮，耕田而食。帝力于我何有哉！”唐代的百丈怀海禅师，立下丛林清规：“一日不作，一日不食。”他以身作则，年纪很大了依然坚持这个规矩，弟子不让他劳动他就绝食。

有个成语叫“杞人忧天”，用来批评那些喜欢瞎操心的人——但是，这样的人就一定是不好的吗？如果像刘慈欣的小说《流浪地球》所描述的那样，太阳的能量燃烧完了，地球的命运又如何呢？

江月何年初照人

「月」指月球、月亮。古人为月亮创作了很多脍炙人口的诗句，如唐代诗人张若虚的《春江花月夜》，在这首诗中他共用了十三个「月」，有「明月」「孤月」「斜月」「落月」「月华」，等等。「江畔何人初见月？江月何年初照人？人生代代无穷已，江月年年只相似。」

最开始，“月”和“夕”在甲骨文中的写法都一样，后来才出现分化——“夕”指太阳落山，太阳落下去，月亮也就升起来了。“月”字旁和“肉”字旁在偏旁部首中，到现在写法都一样，这个需要注意区分——如“肥”是肉字旁，“朝”是月字旁。

“月”指月球、月亮，月球绕地一周为一月。月球围绕地球反射太阳的光，我们才能看到，并且发现月亮有圆有缺，所以《说文》才说：“月，阙也。大阴之精。”

在中国传统文化里，对一个月中不同阶段的月亮，有各种不同的命名：上半月为上弦月，下半月为下弦月，农历初一为朔月，月初为新月，十五为满月（望月），最后一天为晦月。

嫦娥奔月是上古神话故事：后羿的妻子嫦娥服下仙药，飞向被称为“广寒宫”的月球。在神话故事中，月球上还有伐桂的吴刚和玉兔。然而直到1969年，人类才第一次登上月球。首次踏足月球的美国宇航员阿姆斯特朗说：“这是个人的一小步，人类的一大步。”

农历八月十五是传统的中秋节，一家人在满月中团聚，赏月、吃月饼，这个节日又被现代人称作月亮节、月饼节。

古人为月亮创作了很多脍炙人口的诗句，如苏东坡的“明月几时有，把酒问青天”。同样出名的还有唐代诗人张若虚的《春江花月夜》，在这首诗中他共用了十三个“月”，有“明月”“孤月”“斜月”“落月”“月华”，等等。“江畔何人初见月？江月何年初照人？人生代代无穷已，江月年年只相似。”

念着念着，仿佛就置身于茫茫大江边，一万个月亮倒映在水面，载浮载沉。

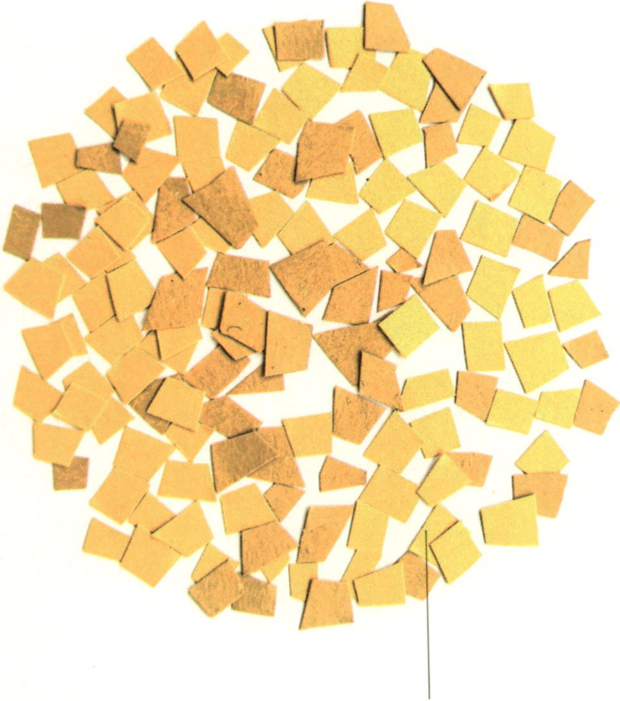

天地

天上的星子，人间的棋局

星

「星」表示群星。星罗棋布，说的就是天体运行的景象。在浩瀚夜空，天体的运行有着自己的秩序，我们看着像是随意散落的，但实则是有规律可循的。天上的星子，人间的棋局，都是有规律的。

《说文》：“星，万物之精，上为列星。从晶，生声。”

大自然界，我们向上看，白天有太阳，夜晚有月亮和群星。

群星，古时候写成“晶”字，用来表示散落出来的星星点点。后来加一个“生”，就成“曐（星）”了。自此，两个字开始分开使用，用“星”表示群星，而用“晶”表示晶体和晶莹。

诗人泰戈尔说：“如果错过月亮时你流了泪，那么你也将错过群星。”所以，不要哀叹岁月的不公，在哪里跌倒就在哪里爬起来，永远有机会在前面等着你。

星罗棋布，说的就是天体运行的景象。在浩瀚夜空，天体的运行有着自己的秩序，我们看着像是随意散落的，但实则是有规律可循的。天上的星子、人间的棋局，都是有规律的。

哲人康德说："有两种东西，我对它们的思考越是深沉和持久，它们在我心灵中唤起的惊奇和敬畏就越是会日新月异，不断增长，这就是我头上的星空和心中的道德定律。"中国先哲则用另外的表达方式，如"人在做，天在看""举头三尺有神明"等。人从星云尘埃中来，又将回到星云尘埃中去，对于未知，保持敬畏和善意，是"人"和"天"之间的联系法则。

《三字经》有云："三才者，天地人；三光者，日月星。"三类发光的天体，就是太阳、月球和其他的星体。有日月，就有阴阳；有群星，就有金木水火土五行——这是天文和人文的应合之道。

金庸的小说《天龙八部》里，段正淳和阮星竹将他们的女儿阿朱送人的时候，在她脖子上挂了一把金锁，上面刻着"天上星，亮晶晶，永灿烂，常安宁"。这金锁寄托着父母对子女的祝福，哪怕是不能亲手养育他们，还是希望他们能够一生平安喜乐。

现在城市的夜空，多半已经看不到星星了。若是有机会，和父母去郊外来一趟观星之旅，念一念阿朱金锁上的话，会是怎样一番感受？

是光开启了世界

光

甲骨文里面的『光』字，可以理解成上面是火把，下面一个人举着。光给人带来光明，可以说，是光开启了世界。从此我们才可以手持火把，自由行走在大地上。

光在甲骨文里的意思是火光。人擎着火把的形状，也可以理解成上面是火把，下面一个人举着。光给人带来光明，可以说，是光开启了世界。从此我们才可以手持火把，自由行走在大地上。

光有冷暖色调，阳光是暖色，月光是冷色。暖光给人温暖，冷光给人清凉，所以古人用了一个词来形容月光——清辉。

明代有个文学家叫归有光，当代有个语言学家叫周有光。“光”寓意光明美好，经常会在名字中出现。“司马光砸缸”的故事，很多小朋友听说过——这小子确实够灵光。

光由光粒子组成，具有波粒二象性，一般沿直线传播。光速是目前已知的最快的速度，是指光波或电磁波在真空或介质中的传播速度。约为每秒30万公里——太阳发出的光，要经过8分钟到达地球。所以，“光年”是长度单位——光线在1年时间传播的距离，1光年约等于9.46万亿公里。

“光复”是指收复国土，恢复原有的统治，就像阳光重新照耀大地。“光着身子”指视觉上裸露，见光。“你光知道”的意思，是你“只是”知道——仅仅这样是不够的。这是“光”字的引申用法，因为光是空白的，什么都没有。

有些人终其一生都在追求真理，他们自称为“追求光明”。但是，有时黑暗也会打着光明的旗号，招摇过市。

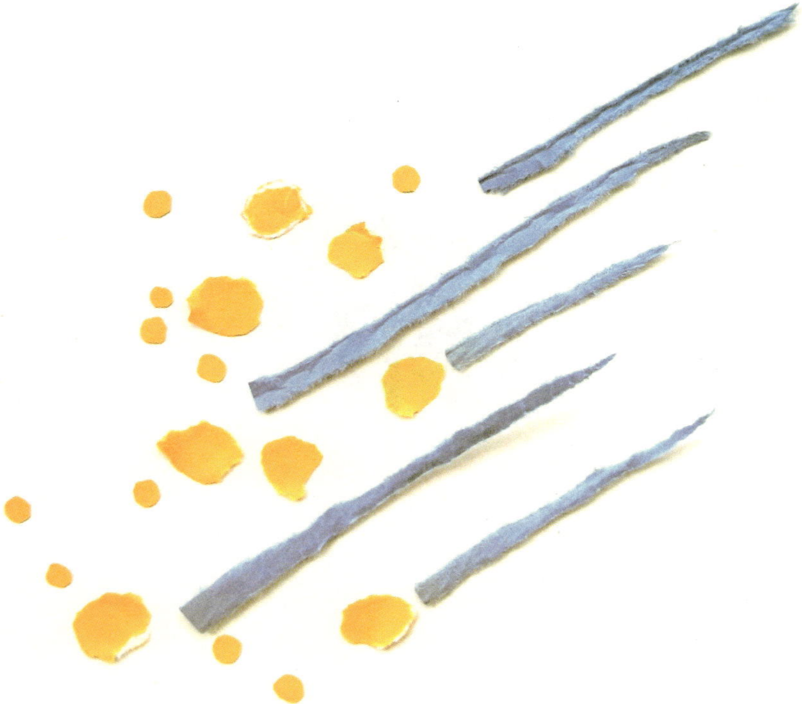

天地

时穷节乃现

節

『节』字，是竹节的意思。人的骨头的关节，也长得像竹节。关节又常为人体气血通路的要害处，所以有『打通关节』之说。我们所常说的节日、节气，也是用『节』来特指一些特别重要的日子。『有礼有节，不卑不亢』，是形容一个人能按照原则行事而不失分寸。

"节"字，是竹节的意思。所以《说文》这样解释"节"："节，竹约也。从竹，即声。""即"的意思是"即食"——正在进餐。古代的餐具有竹筷、竹碗，上面常有竹节，每次吃饭的时候都可以看到。

"节制"这个词语的意思，就是要在关键的位置加以制约。"节节败退"，是说重要关口都失守了，一个一个据点地丢失、撤退，非常形象。还有"节骨眼"的说法，是指一件事情重要的当口。

人的骨头的关节，也长得像竹节。关节又常为人体气血通路的要害处，所以有"打通关节"之说。我们所常说的节日、节气，也是用"节"来特指一些特别重要的日子。

中国的二十四个节气，是将地球绕太阳一周，划分二十四个等份，每个节气有一个对应的气候节点。我们还会评价人有"气节"，也就是说这个人深明大义、坚守立场。南宋末年的宰相文天祥被蒙古人抓住后，在狱中写了一首《正气歌》："时穷节乃见，一一垂丹青。""有礼有节，不卑不亢"，是形容一个人能按照原则行事而不失分寸。

古时还有"守节"的说法，指女性婚后从一而终，坚持不改嫁。这种要求女性"三从四德"的礼法约束，后来被批判为"礼教吃人"。在这样的社会，人们往往没有个人选择的自由。

读书在变化气质

氣

「气」最开始表示「云气」，后来发展出气体、气质等意思。张载说「为学大益，在自求变化气质」——什么是「气」？什么是「质」？如何变化气？如何变化质？也就是说：我们为什么读书？应该怎样读书？这并非空谈，而是我们安身立命之所在，是值得反复深思的问题。

“气”这个字，最初表示“云气”，在空中波动的气流。《说文》也是这么解释的：“气，云气也。”我们将物质分为固体、液体、气体三种形态，但是有的情况下，这三种形态之间是可以相互转化的——比如水，冷凝则固，热融则为液体，温度再高则升华为气体。

《史记》里记载有“老子出关”的传说：函谷关的关令尹喜见紫气东来，知道有圣人驾到，果然老子骑着青牛来了，留下传世文章《道德经》五千言。后世的人们，常用“紫气东来”这个词语，来比喻吉祥的征兆。

“气”是指大自然的气体，“氣”是指身体内消化食物产生的气体，后来二者合并为简化字“气”。饮食五谷的滋养不够，导致身体里面的气不足，则为“乞”。我们口头常说“气候变化”，其实这两个字都有各自特定的含义——五天为一候，三候为一气，三气为一节，两节为一季（如立春，春分），四季为一年。

古代还有个“炁”（qì）字，代指人体内先天的元气。“元气”是指根本之气或先天之气，“元气未分，浑沌为一”，东汉王充所著的《论衡》如此说。元气未分，在自然界是天地未开，在人体是未形成胞胎。孟子说：“吾善养吾浩然之气。”后来用浩然正气形容一个人能够顶天立地，刚正不阿。

“志气”也是一种气，“才气”也是一种气——这是从一个人的行为和表现出来的精神气质观察出来的结果，二者都是好的气，正的气。至于“生气”，我们通常认为是不好的事情，当然也得看为什么而生气，这就是佛教所讲的“发心”。比如岳飞词作《满江红》有“怒发冲冠”的名句——特别的生气，以至于头发竖起来顶着帽子了。那么，他是为什么生气呢？

宋明理学中，张载是“气学”的代表人物，他认为“太虚即气”“气化万物”“气为本体”。他曾说，“为学大益，在自求变化气质。”什么是“气”？什么是“质”？如何变化气？如何变化质？也就是说：我们为什么读书？应该怎样读书？这并非空谈，而是我们安身立命之所在，是值得反复思考的问题。

山

川

山中何所有

『山』的本义就是指大山。陶弘景说：『山中何所有，岭上多白云。只可自怡悦，不堪持赠君。』人在山中，不问世事，静虑脱俗，容易心定忘忧。所以历代的隐士，多喜欢住在山中修行。

《说文》是这么解释“山”字的：“山，宣也。宣气散，生万物，有石而高。象形。凡山之属皆从山。”也就是说，“山”是个象形字。其甲骨文字形像三座山峰并立的形状，从金文到小篆，山的形体符号化了，将实心山逐渐变为单线，但三个山峰还仍然保存着。

“山”的本义就是指大山。如王之涣《凉州词》：“黄河远上白云间，一片孤城万仞山。”这首诗雄浑、壮丽，读之令人胸怀开阔——奔腾不息的黄河，像是从远方白云深处流淌而来，玉门关看似高大，背后耸峙着高达万仞的山峰，显得孤峭冷寂。这种空间的拉伸和对比，非常震撼人心。

“山”还是个部首字，凡由“山”组成的字大都与山石、高大等义有关，如“嵩”“崇”“峻”“巍”等。所以王羲之的《兰亭序》里面才说：“此地有崇山峻岭，茂林修竹，又有清流激湍，映带左右。”

我们常常听到“三山五岳”这种说法。传说中的“三山”即海上的“三神山”，是神仙居住的地方。《史记·秦始皇本纪》有这三座神山的记载：“齐人徐市等上书，言海中有三神山，名曰蓬莱、方丈、瀛洲。”后人为了落实三山五岳的美丽神话，就在五岳之外的名山中选择了三座山将其“落地”。不过，“三山”也有各种不同的版本，广为流传的三山是安徽黄山、江西庐山、浙江雁荡山。

“山人”本来是指住在山区的人，后泛指隐居在山中的士人、隐士。王勃有首诗《赠李十四》，里面就有“野客思茅宇，山人爱竹林”的句子。明末清初，有个著名的隐士画家叫朱耷，号“八大山人”。他原本是明朝皇室后裔，明朝灭亡后心情悲愤，所以落发为僧。他一生对明忠心耿耿，以明朝遗民自居，不肯与清政府合作。所以，他的作品往往以象征手法抒写心意，如画的鱼、鸭、鸟等，大多白眼向天，充满倔强之气。陶弘景说：“山中何所有，岭上多白云。只可自怡悦，不堪持赠君。”人在山中，不问世事，静虑脱俗，容易心定忘忧。所以历代的隐士，多喜欢住在山中修行。但是山上的生活也有非常清苦的一面，生活物资获取不易，也很孤独清冷。功夫不到的时候，住山未必是好事，所以禅宗才有“不破本参不入山”的说法。西班牙诗人洛尔迦也曾写过名句：“船在海上，马在山中。”

古人说“仁者乐山，智者乐水”，那么，为何仁者会爱山呢？仁者和智者的区别在哪里？

子在川上曰，逝者如斯夫

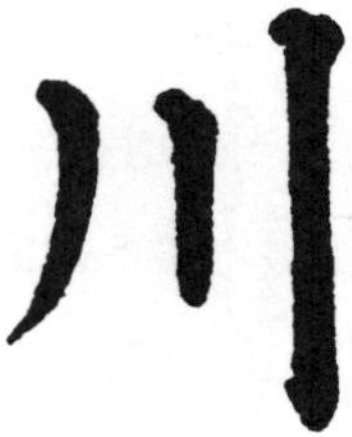

『川』的本意是河流，河水日夜流淌不休，所以有个词语『川流不息』。《论语》里面也记载着孔子对时光如水般流逝的感叹：『子在川上曰：逝者如斯夫，不舍昼夜。』

山川

“川”是个象形字，其甲骨文字形像是一条弯弯曲曲的河流，曲线中的小点儿表示河流中的漩涡。到了金文，就把水中的“点儿”去掉了，可能是为了书写方便。

“川”字的本义是河流，《尚书·禹贡》说：“禹敷土，随山刊木，奠高山大川。”意思就是：禹平整九州岛的土地，随着山势砍树以开通道路，沿途祭拜，还制定了祭祀大山大河的礼仪。《诗经·小雅·天保》里讲：“如山如皋，如冈如陵，如川之方至。”其中的“如川之方至”，表示像河流奔涌而来。

河水日夜流淌不休，所以有个词语“川流不息”。《论语》里面也记载着孔子对时光如水般流逝的感叹：“子在川上曰：‘逝者如斯夫，不舍昼夜。’”水中往往挟带着泥沙，年代久了，泥沙会淤积成平原，因此“川”也被用来指泥沙淤积而成的平地。成语“一马平川”，指能够纵马疾驰的一片广阔平地，即广阔的平原。李斯的《谏逐客书》里面就有提到“三川之地”：“惠王用张仪之计，拔三川之地。”意思是秦惠王采纳张仪的计策，攻占了黄河、伊水、洛水一带的平原地区。“川”字是个部首字，凡由“川”所组成的字大都与水有关，如“州”“邕”等。“山川”二字常连用，指代山水的意思。游览名山大川，能够陶冶性情，增长见闻。李白就有“五岳寻仙不辞远，一生好入名山游”的句子，我们传统的学问，也提倡“读万卷书，行万里路”。

有一句俗语“少不入川”，意思是四川的生活太安逸了，少年人进去了容易沉溺温柔乡出不来。“川剧”是中国汉族戏曲剧种之一，流行于四川东中部、重庆、贵州、云南部分地区。那么，“四川”是因何而得名的呢？

磐石无转移

『石』的本义就是石头，『磐石』两个字连用，指厚重的大石头，也借指一个人所具有的坚定不移的信念。汉乐府《孔雀东南飞》里，就有『君当作磐石，妾当作蒲苇，蒲苇韧如丝，磐石无转移』的句子，用来比喻爱情的坚贞。

“石”是个象形字，其甲骨文字形的右边像岩角，左下角的“口”形部分像石块；到了金文的时候，岩角形省略为“厂”。所以，“石”的本义就是石头。《诗经·小雅·鹤鸣》里有句诗：“他山之石，可以攻玉。”它的意思是别的山上的石头，能够用来琢磨玉器。原来是比喻别国的贤才可为本国效力，后来也比喻能帮助自己改正缺点的人或意见。

考古学对早期人类历史分期，石器时代是第一个时代，即从出现人类到铜器的出现，距今两三百万年到距今六千至四千年左右这个阶段。人类最早的劳动工具是石头，最早的饰物也是石头，石头甚至被当作图腾来崇拜。

随着文明的发展，人们逐渐学会从石头中提炼金属，选择有特殊功用的石头入药，用经过加工的

石材铺设宏阔的广场，创造雄伟的建筑……古埃及的金字塔，就是人类使用石材创造的建筑奇迹，至今屹立在尼罗河畔。

在古代，人们把石块凿成凹形，用于盛粮食。因此，“石”因此成了容量单位，读“dàn”，十斗为一石。

“石”是个部首字，凡由“石”组成的字大都与石头或坚硬有关，如“矿”“硬”“硝”“磐”等字。“磐石”两个字连用，指厚重的大石头，也借指一个人所具有的坚定不移的信念。汉乐府《孔雀东南飞》里，就有“君当作磐石，妾当作蒲苇，蒲苇韧如丝，磐石无转移”的句子，用来比喻爱情的坚贞。

在中国绘画中，石和山水一样是重要题材。赏石是一种审美情趣，尤其是造型各异、巧夺天工的近玉之石。文人画中欣赏丑石，以其孤高个性、独立精神为美。宋徽宗时期，就有专门为皇帝运送石头的“花石纲”，专门为皇帝搜集奇花异石，劳民伤财，前后长达二十年之久。

大件的石头可以用来设计园林，小件的石头可以用来雕刻印章、制作砚台乃至念珠等。你喜欢什么样的石头，又是为什么喜欢呢？

云深不知处

云代表着天气状况，『看云识天气』是农耕文明需要掌握的重要技术。贾岛有首很有名的诗《寻隐者不遇》：『松下问童子，言师采药去。只在此山中，云深不知处。』山中白云缥缈，连徒弟都不知道师父走到哪儿采药去了。

“云”是个象形字，其甲骨文字形就像天空中舒卷的云层形。小篆的形体复杂化了，在“云”字之上又多出一个“雨”字来，这就由原来的象形字变成形声字了。所以《说文》才这么解释：“雲，山川气也。从雨，云象雲回转形。凡雲之属皆从雲。”商周的青铜器上，有“云雷纹”的装饰纹样；民间有很多纹饰，都和天象有关，被称之为“云纹”。

“云”的本义为云气、云雾，即天空中由细微的水珠、冰晶聚集形成的飘浮物，俗称云彩。由云的形状，又引申借指轻柔、舒卷形状像云的事物。讲述花木兰代父从军故事的《木兰辞》中有两句：“当窗理云鬓，对镜贴花黄。”其中的“云鬓”，就是形容女子鬓发盛美如云。

在古代，“云”常被借用当“说”讲。如“子曰”“诗云”，以及现在所说的“人云亦云”“不知所云”。《诗经·小雅·雨无正》里面用的也是这个意思：“云不可使，得罪于天子。”如果说不能够用这个人，就会得罪天子。

先秦时期的楚国，有一处名为“云梦”的楚王狩猎区。云梦的地域相当广阔，东部在如今武汉以东的大别山麓和幕阜山麓以至长江江岸一带，西部到了宜昌、宜都一线以东，包括江南的松滋、公安县一带，北面大致到随州、钟祥、京山一带，南面以大江为界限。其中有山林、川泽等各种地理形态，并有一处名为“云梦泽”的湖泊。唐代诗人孟浩然游览洞庭湖，就写过“气蒸云梦泽，波撼岳阳城”的名句。

云代表着天气状况，“看云识天气”是农耕文明重要的方法，现在则让位于天气预报。贾岛有首很有名的诗《寻隐者不遇》:“松下问童子，言师采药去。只在此山中，云深不知处。”山中白云缥缈，连徒弟都不知道师父走到哪儿采药去了。吴承恩在《西游记》中虚构了“筋斗云”，孙悟空一踩上这片云，就能腾云驾雾，上天入地。

那么，身处信息时代，什么才是我们的“筋斗云”呢?

花

江南无所有，聊赠一枝春

我们对花的认知是直接的，小时候看到花朵开放，大人会说：『春天来了，花骨朵开放了。』古代有折花送行的习俗，南朝的陆凯送别他的朋友范晔，就写过一首诗：『折花逢驿使，寄与陇头人。江南无所有，聊赠一枝春。』

“花”是“华”的俗字，“华”在甲骨文中的样子，像一棵满是花枝的树。“花”和“华”都是由一个初字而来，所以常常通用。科学解释说，“花”指草本（被子）植物的有性生殖器官。但这样一来，谁也搞不清楚什么是花，也不清楚为什么看到花时会喜悦，更不用说理解王阳明的这句名言：“你来看此花时，则此花颜色一时明白起来。”

花会产生花粉，花粉的传播要靠自体、风或昆虫。和人一样，植物也是通过精细胞和卵细胞的结合而受精，只不过它们的手段是把雄蕊花里的花粉传送到雌蕊的柱头。有些花美丽，但有毒，如罂粟；有些花美丽，但有刺，如玫瑰；有些花可以泡水入药，如菊花、茉莉花。日本动画片《花仙子》曾经风靡一时，讲述了有花仙血统的花仙子寻觅七色花的故事。《西游记》中，树妖花精将唐僧劫去开了个诗会。这些都是人们浪漫的想象，认为自然界的花草亦有灵气，能像人类一样沟通交流。

我们对花的认知是直接的，小时候看到花朵开放，大人会说："春天来了，花骨朵开放了。"若是凑近去嗅，花有花香，使人陶醉。有时也会将花枝折下，插到家里的花瓶中，续上水能开放多日，香气满室。古代有折花送行的习俗，南朝的陆凯送别他的朋友范晔，就写过一首诗："折花逢驿使，寄与陇头人。江南无所有，聊赠一枝春。"

花在古代诗人的笔下，各不相同。孟郊说"春风得意马蹄疾，一日看尽长安花"，用来形容登科后狂喜的心情。白居易则以"花非花，雾非雾。夜半来，天明去"，来描摹男女情感的飘忽不定。白居易这首诗末尾两句也特别有名："来如春梦几多时，去似朝云无觅处。"你觉得，他想表达的到底是什么？

鸟鸣山更幽

甲骨文的『鸟』字，直接就是一只鸟的样子，鸟嘴、羽毛、鸟爪都活灵活现。鸟的叫声为『鸣』，所以加一个『口』字。关于『鸣』字，有不少脍炙人口的名句，如王籍的『蝉噪林逾静，鸟鸣山更幽』。以自然风物入诗，在古人看来是最为高级的，因为一切都是一派天真和谐。

"鸟"是个象形字，甲骨文字形就直接是一只鸟的样子，喙、羽、爪俱现。相对而言，《说文》的解释就没这么直观："鸟，长尾禽总名也。象形。鸟之足似匕，从匕。凡鸟之属皆从鸟。"当代艺术家徐冰有一件装置作品，叫《鸟飞了》，就是用四百多个不同书体的鸟字，从甲骨文到今文字体都有，组合出一只疏密向上而展翅欲飞的鸟的形态。

"乌"是黑色的鸟，因为颜色黑看不见眼睛，所以少了一点——这种造字法非常形象。

鸟是长尾飞禽的总称。短尾飞禽总称为"隹"。凡是鸟属的字为鸟部，如："鸦""鹂""鸳""鹭"；凡是隹属的字为隹部，如："雀""隼""雞""雉（野鸡）"。

鸟的叫声为"鸣"，所以加了个"口"字。关于"鸣"字，有不少脍炙人口的名句，如王籍的"蝉噪林逾静，鸟鸣山更幽"，王维也有"月出惊山鸟，时鸣春涧中"的句子。以自然风物入诗，在古人看来是最为高级的，因为一切都是一派天真和谐。

随着季节变化而南北迁移的鸟类，被称为候鸟。我们知道燕子春天回到北方，冬天则去南方过冬。同样，大雁也是南北迁徙的鸟类。大雁是杂食性水禽，为了相互帮助节省体力，飞行时排成"人字形"雁阵，迁徙时它们也需要停落在湿地补给食物。因此，保护湿地对各种鸟类的迁徙很重要。

想一想，我们有多久没有仔细观察过一只鸟了？

要使鱼龙知性命

『鱼』的甲骨文字形，就是一条鱼的形状。古德有云：『要使鱼龙知性命，不妨平地起波涛。』此语是讲性命之学与人生的关系——太平日子里人总容易自视甚高，一旦遇上事，是鱼还是龙，各自的秉性在处理事情中自然就显现出来了。

魚

“鱼”是象形字，甲骨文字形，就是一条鱼的形状，古人称之为“水虫”。简化过程中将鱼尾变为四点，又简为一横。

渔和鱼是同源字，打鱼称之为“渔”。古有“授人以鱼，不如授人以渔”之说，意指给别人物质上的帮助，不如给别人谋生的技能。“城门失火，殃及池鱼”，是说事物之间的普遍的联系，会有因果牵连。“鱼肉百姓”则是指以百姓为鱼肉，意指为官贪腐。

“鲁”字是指吃鱼吐刺的样子，用其形容一个人说话迟钝。“鲜”这个字，有种解释是鱼和羊放在一起炖味道最好，所以用两个字合为一体来形容味道鲜美，到现在还有道菜叫“鱼羊一锅鲜”。按照《说文》解释，“鲜”则是貉国出产的一种鱼的名称，后代指生鱼片。

春秋时期吴国的刺客专诸，把一柄短剑藏在鱼腹中，在上菜的时候拔出来刺杀了吴王僚，专诸也被吴王僚的护卫杀死。所以这把剑被称为鱼肠剑，是为勇绝之剑。后来，这个故事被记载于《史记·刺客列传》。

古德有云：“要使鱼龙知性命，不妨平地起波涛。”此语是讲性命之学与人生的关系——太平日子里人总容易自视甚高，一旦遇上事，是鱼还是龙，各自的秉性在处理事情中自然就显现出来了。过年时，有的年画上一个大胖小子抱着一条大鱼，寓意是“年年有鱼（余）”。这种谐音也是汉字中常用的，也很容易意会其中的双关。

那么，“鱼和熊掌不可兼得”中的鱼是指什么？熊掌又是指什么？

观草木虫鱼鸟兽

有人认为虫是蛇的意思，虫和『它』也是同源字。后来其意思发生变化，再造一个『蛇』字指蛇。王安石有句很有启发性的话：『古人之观于天地、山川、草木、虫鱼、鸟兽，往往有得。』讲的是人类活动、观察自然之后，进行类比和创作的规律。

“虫”，还有一个名字叫“蝮”，宽三寸，头部有拇指这么大，字形像蝮蛇趴卧的样子——这是《说文》对“虫”的解释。简单说，我们可以把虫看作小虫子、毛毛虫。但也有人认为虫是蛇的意思，虫和“它”也是同源字。后来其意思发生变化，再造一个“蛇”字指蛇。这在古汉语里是比较常见的情况。

《说文》里讲：“有足谓之虫，无足谓之豸。”这是古人的分法。然而虫豸常常连用，泛指一切小昆虫，鲁迅就说：“你们这些虫豸们！”夏天的时候，经常能在树上看到毛毛虫，粘到身上会引发过敏；也见到有一种磕头虫，走路像磕头一样。蚱蜢、螳螂更是常见的东西，这些都统称为虫。农村的孩子喜欢把它们抓回家玩，玩着玩着就死掉了，俗语称“童子劫”。

王安石有句很有启发性的话：“古人之观于天地、山川、草木、虫鱼、鸟兽，往往有得。”讲的是人类活动、观察自然之后，进行类比和创作的规律。《易经·系辞》说：“在天成象，在地成形，变化见矣。”一切变动的事物，都有其变化规律，造字亦如此。连八卦也是依照这种逻辑被创造出来的，《易经·系辞》也记载了这个过程：“古者包羲氏之王天下也，仰则观象于天，俯则观法于地，观鸟兽之文与地之宜，近取诸身，远取诸物，于是始作八卦。”这一段文字讲的其实是格物致知的普遍规律，把“八卦”换成“文字”“茶”“书”……都是一样的道理。《水浒传》里，在景阳冈被武松打死的老虎，又唤“大虫”：“只听得乱树背后扑地一声响，跳出一只吊睛白额大虫来。”

古人还用“虫”泛指一切动物，并把虫分为五类：禽为羽虫，兽为毛虫，龟为甲虫，鱼为鳞虫，人为倮虫。那么，人为什么被称为倮虫呢？

山川

五花马，千金裘

在古代，一匹好马相当于现在一辆好车，所以常用良马来比喻人才。韩愈就写过一篇《马说》：『世有伯乐，然后有千里马。』他用千里马的稀有，来比喻人才难得。李白的《将进酒》里面提到的『五花马』，应该就是很名贵的马——『五花马，千金裘，呼儿将出换美酒，与尔同销万古愁。』

“马”是个象形字，从甲骨文的形体看来，就像一匹马的样子；其金文的形体也与甲骨文大致相似，突出了马的某些特征。小篆的“马”字中，上面的马眼（目）与三横线（马鬃）共用笔画，已经不大看得出马的样子了；隶变后楷书写作“馬”，简化汉字后写作“马”。

“马”的本义为强武有力的家畜马。由于古代马是用来搬运物品或是打仗时作乘骑的动物，因此许慎解释马是昂首怒目的动物，是勇武的动物——“马，怒也，武也。象马头髦尾四足之形。凡马之属皆从马。”在古代，一匹好马相当于现在一辆好车，所以常用良马来比喻人才。韩愈就写过一篇《马说》：“世有伯乐，然后有千里马。”他用千里马的稀有来比喻人才难得。李白的《将进酒》里面提到的“五花马”，应该就是很名贵的马——“五花马，千金裘，呼儿将出换美酒，与尔同销万古愁。”

成语“马首是瞻”出自《左传·襄公十四年》：“鸡鸣而驾，塞井夷灶，唯余马首是瞻。”意思是说鸡一叫就把战车驾好，堵塞水井，拆平炉灶，（全军将士）看“我”的马头来定行动的方向。“马首是瞻”用来比喻服从某一个人的指挥，或乐于追随某一个人。“马”是个部首字。凡由“马”组成的字大都与马或牲口有关。如“驭”“驹”“驾”“骄”“驴”“骡”等。传统的解字，往往强调动物对人类的功用——可以被劳役、被食用、被剥皮，所以全身是宝。现代文明社会则倾向于动物与人类是平等的，动物的生命权也应该得到尊重。

你骑过马吗？如果有机会，你会用什么方式和马交流？

牛头不对马嘴

牛

甲骨文的『牛』字，就是正面看到的一个牛头的形状。牛的力气很大，衍生出『很厉害』的意思。如果一个人本领没多大，吹嘘得很厉害，就变成了『吹牛皮』。我们讲一个人做事不符合逻辑，会说他『牛头不对马嘴』。

《说文》对“牛”的解释是：“牛，大牲也。牛，件也；件，事理也。象角头三、封、尾之形。凡牛之属皆从牛。”这个解释没那么好懂，从甲骨文字形看更简单明了——就像从正面看到的牛头形状，两边向上竖起的是弯曲的牛角。“牛”字，就是依据牛所突出的弯角、大耳朵、长鼻梁这几个特点，用简明的线条勾勒而成的，这充分表现了先民们形象思维的能力。

所以，“牛”字的本义是家畜之一的牛。牛是大型哺乳动物，力气很大，头上有一对角，趾端有蹄，尾巴末端有长毛，以草为食，吃进去以后还能够反刍。我国常见的牛有黄牛、水牛、牦牛等。“牛”字在古代文献中多见，如《诗经·国风·王风》：“日之夕矣，羊牛下来。”这两句诗的意思是太阳已经落山了，羊和牛也从山上下来了。

牛是生性固执的动物，于是由牛的秉性而派生出很多词语，如“牛气”“牛脾气”“牛性”“牛劲”“犟牛”等。在北京话里，“牛”可表示本领高强、很厉害的意思，这大概是由“牛”的力量大比喻而来的。“牛气”“他真牛”等词语，用的就是这个义项。而如果实际本领没有说的那么高，就变成“吹牛”了。我们讲一个人做事不符合逻辑，会说他“牛头不对马嘴”。

宋朝有一个人叫杨璞，很爱吹牛，自称是东野遗民。宋真宗求贤，人家就把他举荐了上去，结果他什么也不会。宋真宗看他为难，可怜他年纪大，让他第二天交一首诗。杨璞一晚上没睡着，辗转反侧，天亮时把老婆的临别赠言献了上去：“更休落魄贪酒杯，亦莫猖狂乱咏诗。今日捉将宫里去，这回断送老头皮。”宋真宗看完他的诗后，感到好笑，

问是谁写的。他说是出门时老婆的话。宋真宗说：“看在你老婆的分上，这次放过你这个吹牛大王，要不真要了你的老头皮。”这个民间故事说的就是“吹牛皮”的由来。

“牛”是个部首字。凡由“牛”组成的字，大都与牛或牲畜有关。如“牡”“牝”“牢”“牲”“犊”等字。传说中，老子骑青牛出关，留下五千字的《道德经》，青牛也因之被称为神兽。人们把股市行情好称之为“牛市”，反之则称为“熊市”。纽约华尔街的街头，也有一座著名的“铜牛”雕塑，寄托着人们对经济繁荣的期望。

可是，这世间哪有永远的“牛市”？

三阳开泰

『羊』是个部首字。古代甲骨文中的『美』字，即呈头顶大角之羊形，是美好的象征。民间喜用的『三阳开泰』是一种吉祥语，它表示大地回春、万象更新的意义，也是兴旺发达、诸事顺遂的称颂，图案以三只羊（谐音『阳』）在温暖的阳光下吃草来象征。

羊

和“牛”一样，“羊”也是个象形字，其甲骨文字形所描绘的是正面的羊头，上部是一对左右下弯的羊角，下部微微上斜的两画是羊的眼睛。金文的字形就更像羊头了：一对大角向下弯曲，看来是个绵羊头，中间的一横是表示左右的两只耳朵，最下端是羊的嘴巴。

“羊”字是个部首字。在汉字中凡由“羊”字所组成的字，大都与羊有关，如“羔”“羚”“羝”“羯”“群”等字。其中“羝”和“羯”都是魏晋时期汉族人对北方不同少数民族的称呼，大概他们都养有很多羊吧。

“羊”是最早被中国先民们驯化的动物之一，社会从渔猎生产过渡到农牧业生产，人们逐渐定居下来，羊成为人们饲养最多的家畜。“羊”在中国民俗中与“祥”通用，“吉祥”多被写作“吉羊”。古代中国甲骨文中“美”字即呈头顶大角之羊形，是美好的象征。

明清时期，民间曾用青阳、红阳、白阳分别代表过去、现在和将来。民间喜用的“三阳开泰”是一种吉祥语，它表示大地回春、万象更新的意义，也是兴旺发达、诸事顺遂的称颂，图案以三只羊（谐音“阳”）在温暖的阳光下吃草来象征。

羊羔似乎懂得母亲的艰辛与不易，吃奶的时候是跪着的，所以“羔羊跪乳”的故事在民间流传很广。如《春秋繁露》里面就说：“羔饮之其母必跪，类知礼者。”意思是说小羊在母羊身边吃奶时必定是跪着的，好像懂得礼义一样。当然，这是儒家学者为了教化民众而采取的一种类比方式。

羊能在悬崖峭壁上攀爬，你知道为什么吗？

天生我材必有用

『树』最早的意思是种植树木，后来成为所有树木的总称。长大的树就成了『材』，木材可以成为桌子、椅子、家具，也可以成为盖房子的栋梁、支柱。所以李白口放豪言：『天生我材必有用，千金散尽还复来。』

樹

山川

“树”最早是个动词，是种植树木的意思。《广雅》就直接说：“树，种也。”这个字的甲骨文写法，是用手把一棵树种在容器内。现代汉语里有时也用它的原意，像“十年树木，百年树人”，这个“树”就是动词。“树”和“竖”音同，义也近——将某物竖起来。“树”的繁体字写法是“樹”，而“尌”是“樹”的初字，后来左边又加一个木字，简体则将中间部分简化为“又”，才有了现在的字形。“尌”这个字形仍隐约能看出原来的字形：左上为木、左下豆为容器、右边寸即手的意思。

鲁迅的本名叫“周树人”，中间的树字也是作动词用；“树新风”也是这种用法。不过，现在树这个字已经取代木，而成为树木的总称。唐代诗人岑参的诗句“忽如一夜春风来，千树万树梨花开”，讲的是北地边陲冰雪挂满树枝的景象。

每年 3 月 12 日为植树节，我们在春天种下一棵树，浇水灌溉，使其茁壮成长。这不仅是保护环境，也是在自己心里种下一个美好的希望。树有年轮，每年长大一圈，想要知道一棵树长了多少年，观察它的横截面就可以知道。长大的树就成了“材”，木材可以成为桌子、椅子、家具，也可以成为盖房子的栋梁、支柱。所以李白口放豪言：“天生我材必有用，千金散尽还复来。”但庄子认为，一棵树要成为无用、没有材干的样子，才能避免被砍伐，从而得享天年。后来，宋代的辛弃疾把这个典故写成了词：“味无味处求吾乐，材不材间过此生。”可见，看待事物的角度不同，处世的方法也不一样。

若是你，会选择李白的角度，还是辛弃疾的角度？

野火烧不尽，春风吹又生

『离离原上草，一岁一枯荣。野火烧不尽，春风吹又生。』白居易这四句诗，说的就是『草』的生存状态——简单、朴实、直白，像是废话，仔细一想又饱含深意。

草

“草”的最初写法为“中”，甲骨文字形像刚破土萌发出两瓣叶子的嫩芽。所以“草”是个象形字。后来金文中也将“中”写成两个，表现得更为充分；又将“早”形放在其中，表示太阳照射在草地上，于是，现在的草就是个形声字了。笔画的增加，一般是为了“强调”或“区别”于其他字，因为字越造越多，简单的字易被误认，于是要加许多偏旁，更加突出其特征。

“离离原上草，一岁一枯荣。野火烧不尽，春风吹又生。”白居易这四句诗，说的就是“草”的生存状态——简单、朴实、直白，像是废话，仔细一想又饱含深意。

“草民”是古代对老百姓的抑称，指老百姓像“草芥”一样自生自灭，人轻言微。现代社会则讲求人人平等，认为每个个体的生命都是值得尊重的，老百姓也被称为公民。

《论语》里面说：“君子之德风，小人之德草，草上之风必偃。”指精英和民众的关系如同风过草地，草随风的方向而转动。这个比喻，讲的是精英阶层对民众的“教化”。

西方有种草坪的传统，街区、广场、学校，都有大片大片的草地，绿草如茵，风景如画。然而草坪的灌溉和修剪颇费工夫，恰因如此，美丽的草坪成为生活品质的象征。如果经营不好，就是“草草了事”，形容做事敷衍潦草，不认真。这和野草乱长没有形状的样子很像。“校草”现在也是个流行词，是相对于“校花”而言，指学校里最帅的男同学。我们写文章要打“草稿”，绘画要画“草图”，都是指作品未成形前的凌乱状况。

那么，“草”和“树”这两种事物分别有什么特质呢？

地球之大，也不过一粒尘埃

塵

我们生活在尘世中，『清净』与『尘染』是一组相对的概念。地球虽大，在宇宙中也不过是一粒小小的尘埃；尘埃虽小，但细细观察，其中也包含着整个宇宙。正是在这样的对『同构异名』的思考中，我们得以逐渐理解自身所处的位置，并且追问存在的意义。

造“尘”这个字的时候，一定还是处在渔猎时代。山林里还到处可见鹿的踪影，然而令猎人望尘莫及的是，鹿受到惊吓，一溜烟就跑不见了。甲骨文中，“尘”刻画的就是两只鹿的形态。还有一种写法就是鹿在奔跑，其下扬起土灰——这个字形最能体现“尘”的感觉，所以便一直保留了下来，写作“塵”。《说文》称：“塵，鹿行扬土也。”说的就是这个意思。民间嫌“塵”字太繁，造出“小土为尘”这个字，后来简体字予以收入。

《庄子》里面说：“野马也，尘埃也，生物之以息相吹也。”此处的“野马”，是指云气蒸腾跃然的样子——高处的云气和低处的尘埃，随着大自然中空气的流动，各自展现出自己的形态。

相对于寺庙或道观等清修之地，繁华热闹的世俗生活被称为“红尘”——纷纷扰扰之中，如

意者看到“红”，失意者看到“尘”。《红楼梦》第一一七回说：“宝玉本来颖悟，又经点化，早把红尘看破。”清代的孙枝蔚《春城曲》里则写道：“素纱软屏看不得，但云门外红尘好。”可见看破红尘与但云红尘好，是两种人生态度。

六祖慧能和神秀大师之间，曾经有过一场有关“尘埃”的辩经：神秀对修行的理解是“时时勤拂拭，莫使惹尘埃”，慧能将其转化为“本来无一物，何处惹尘埃”。世人都以为慧能比神秀厉害，其实只是各自的根器不同，采取的修行方法不同而已。一个主张渐修，一个强调顿悟。事实上，我们绝大多数中下等天资的人，还是得走神秀这条路，否则容易落入狂禅——见地高于行为，说一些自己永远做不到的话。当然，对于绝顶聪明的人而言，要求他渐修可能也会浪费他的时间。

我们生活在尘世中，“清净”与“尘染”是一组相对的概念。地球虽大，在宇宙中也不过是一粒小小的尘埃；尘埃虽小，但细细观察，其中也包含着整个宇宙。正是在这样的对“同构异名”的思考中，我们得以逐渐理解自身所处的位置，并且追问存在的意义。

尘土也可入诗。苏轼有词：“春色三分，二分尘土，一分流水。”细细一想，尘烟流水，春时绝佳。拂尘、鸡毛掸，都是拂去浮土的工具，现在已经不常见了，更常见的是吸尘器，乃至扫地机器人。可见科技的发展之快。

但同时也要思考，我们心灵的尘土，靠技术能够拭去吗？

霜叶红于二月花

『霜』是近地空气中的水汽在低温下凝结的白色晶体。遭遇严霜，对农作物来说是严重打击。但秋天的『霜』后，也不是全是肃杀、萧条之景，杜牧讲：『停车坐爱枫林晚，霜叶红于二月花。』秋末的一派枯败景象中，独有枫叶一片火红，热烈、炽暖，像是生命不熄的火焰，哪怕上面凝结了风霜。

霜有“丧”的意思，为什么呢？其金文字形中表现的是：因为气温下降，来自天上的雨汽凝结在植物上，使得植物“垂头丧气”，一副衰败的样子。最形象的是一个歇后语：霜打的茄子——蔫啦。霜降后的茄子表皮发软，一副没精神的样子。由于霜有“丧”意，故丈夫去世，妻子便称为“遗孀”。

“霜”是近地空气中的水汽在低温下凝结的白色晶体，“雪”是从空中飘落的白色羽绒状冰晶。对农作物来说，霜和雪都是严重打击，“雪上加霜”比喻接连遭遇打击。

但秋天的“霜”后，也不是全是肃杀、萧条之景，杜牧讲：“停车坐爱枫林晚，霜叶红于二月花。”秋末的一派枯败景象中，独有枫叶一片火红，热烈、炽暖，像是生命不熄的火焰，哪怕上面凝结了风霜。

“霜降”是秋天的最后一个节气，每年公历的10月23号前后，气温一天比一天低，露水凝结成霜。陆游在《霜月》中描述道：“枯草霜花白，寒窗月影新。”温庭筠的《商山早行》更有名：“鸡声茅店月，人迹板桥霜。”这两首诗都是以霜作为观察的对象，触景生情，景冷情凝，结而为诗。

霜降吃柿饼，你注意到柿饼上的那层霜了吗？

玉

谦谦君子，温润如玉

目前发现的最早的玉，源自八千年前的旧石器时代，那个时候玉是作为工具来使用的。这些工具包括武器、劳动工具，所以那个时代又叫玉兵时代。后人在使用玉的过程中，发现它不仅具有实用功能，同时还有审美价值。所以我们会用它来赞美一个人：『谦谦君子，温润如玉。』

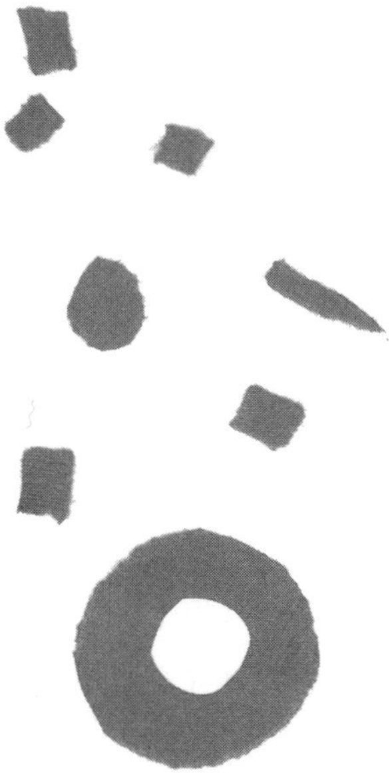

“玉”字的甲骨文字形，有点儿像丰收的“丰”的简体字，其本义是被串起来的玉石。在金文当中，“玉”和“王”的字形非常相似。那么如何进行区分呢？金文中“玉”的三横是平均分布的，而“王”上面两横的距离近一些，和第三横的距离远一些。后来古人为了区别这两个形态比较相近的字，就给“玉”加了一个点，而“王”字一直保留到今天，也作偏旁部首用。王字旁准确的说法是“斜玉旁”，很多王字旁的字，其实是“玉部”的，而且意思和玉有关，如珍珠、玛瑙、珊瑚、琥珀，等等。

古人这么推崇玉，其实是有原因的。《说文》解释说玉有五种德性：“玉，石之美。有五德，润泽以温，仁之方也。”玉很温润，体现了仁者的精神，所以才说“谦谦君子，温润如玉”。

《说文》继续讲："䚡理自外，可以知中，义之方也。"说的是从外部观察玉，可以看到它里面的纹理，代表它有仁义的"义"的精神——表里如一。

玉的第三种德性是"其声舒扬，专以远闻，智之方也"。它的声音很好听，传得很远，是智慧的象征。它还是勇气的象征，宁为玉碎，不为瓦全——"不挠而折，勇之方也"。最后，玉还象征着廉洁——"锐廉而不忮，洁之方也"。即使摔碎了，断口锐利，它也不会因嫉恨而伤人或以此求得好处，因此玉是廉洁的象征。

《周礼》中说："以玉作六瑞，以等邦国。"在这里"玉"变成了礼器，这句话讲的是什么意思？只有皇帝祭祀的时候所用的礼器全部是玉制的，以下五个等级的人祭祀，用玉的数量依次递减：第二等级是四玉一石，第三个等级是三玉二石，以此类推。古人把玉变成礼器，是为了能够规定道德伦理和世俗层面上的等级关系。

目前发现的最早的玉，源自八千年前的旧石器时代，那个时候玉是作为工具来使用的。这些工具包括武器和劳动工具，所以那个时代又叫玉兵时代。后人在使用玉的过程中，发现它不仅具有实用功能，同时还有审美价值，所以，就把玉的地位逐渐提高。它的功能性丧失后，象征性和审美价值就突出来了——它就不再是一个实用的工具，而是一个标志不同等级的象征工具。

李商隐有首诗叫《锦瑟》，通篇都是迷离的意象，其中也提到了玉："沧海月明珠有泪，蓝田日暖玉生烟。"你知道这两句诗什么意思吗？

一寸光阴一寸金

古人用『昼』代指白天。文天祥说：『死生，昼夜事也。』他将生死、阴阳和昼夜看作一个整体性的事物，可以说是通达的人生观。

古时候没有电灯，人们格外珍惜天光，常常早起晚归、披星戴月，真的是『一寸光阴一寸金，寸金难买寸光阴』。

"昼"的原始含义是以手执笔记录太阳的运行，也就是天数，可以简单理解为"划日为昼"。所以，古人用昼代指白天。《说文》解释："昼，日之出入，与夜为界。"

太阳的东升西落，构成一个完整的白天。所以，我们也将白天称作白昼。然而必须要清楚，太阳的东升西落实质上是由地球自转造成的，是地球的自转让我们以为太阳在升降。时间和空间是无始无终的，但仍然需要一个刻度，记录地球旋移的历程，这个便是日历。

"日昼风烟静，花明草树繁"，这是唐朝戴叔伦笔下的句子。天气晴朗无风，青烟直直地升上蓝天，阳光照耀下的花朵灿烂开放，草木都是一片繁荣盛景，岁月静好。

与"昼"相对的就是"夜"。夏天昼长夜短，人应晚睡早起；而到了冬天呢，就变得昼短夜长了，人应早睡晚起，以遵循自然之道。文天祥说："死生，昼夜事也。"他将生死、阴阳和昼夜看作一个整体性的事物，可以说是通达的人生观。道家也将夜晚的睡眠称为"小死"。

古时候没有电灯，人们格外珍惜天光，常常早起晚归、披星戴月，真的是"一寸光阴一寸金、寸金难买寸光阴"。这种感叹随着年岁越长越发深长。现代人有了灯光后，可以使夜晚"亮如白昼"，但同时也打乱了生物钟。这种改变，可以说有利有弊。

传统农耕文明生活中"日出而作，日没而息"的生活方式我们是回不去了。那么，在生活和生产都发生巨变的当下，我们该如何安顿自己的身心呢？

夜半钟声到客船

『夜』的本意是腋窝，引申出隐藏、黑夜的意思。诗人张继在《枫桥夜泊》里写道，『姑苏城外寒山寺，夜半钟声到客船。』暗夜，孤舟，旅人，钟声在半夜远远地传来，反而给人一种空寂、悠远的感觉。

“夜”字在金文中，左半部分是“亦”字，右边是“夕”字。从甲骨文的字形上看，“亦”是一个人张开手臂的样子，两个点代表腋窝，所以“亦”的本义是腋窝的意思。不张开手臂是看不到腋窝的，因此它有暗藏、隐蔽的含义，且“亦”是“夜”的本字，所以“夜”的本义也是腋窝。“夕”是黄昏的时候，月亮刚刚升起来，只能看到一半的样子。所以“夜”是表示黑暗的、隐蔽的，且能看到月亮的时间。

《说文》解释说：“夜，舍也，天下休舍也。”意思是晚上就应该停止活动回家了，“舍”就是房子。

也有人认为看不到月亮的晚上是夜，看得到月亮的晚上是“宵”，这是“宵”和“夜”的区别。但也不尽然，比如唐代诗人张若虚的名诗就叫作《春江花月夜》。诗人张继在《枫桥夜泊》里写道：

"姑苏城外寒山寺，夜半钟声到客船。"意思是姑苏城外的寺庙，子时（夜半就是晚上的子时，晚十一时到凌晨一时）敲响的钟声传到了客船之上。暗夜，孤舟，旅人，钟声在半夜从远方传来，反而给人一种空寂、悠远的感觉。

有句话叫夜长梦多，意思是夜晚很漫长，睡觉做梦的次数会比较多。引申开来，就是说很多事情你要赶紧做，不赶紧做就容易夜长梦多，发生变故。

昼夜交替其实就是阴和阳交替的现象，所以我们要在白天阳气生发的时候去做事情，在晚上休息的时候护好阴气，让身体得到完全的休息。

人过多地"开夜车"就会损耗自己的精神，尤其年纪大了的人，更不应该连续熬夜了。

明日复明日，明日何其多

『明』除了『明亮』之意，还有明天、明年的意思。明代诗人钱福有一首《明日歌》，诗里讲『明日复明日，明日何其多』，教我们要珍惜今天，不要事事推到明日，否则最终一事无成，懊悔不已。

明

“明”有两个来源，一个是日月同辉为明；一个是月照窗牖为明。《说文》采取后一种：“朙，照也。从月、从囧。”“床前明月光，疑是地上霜”，李白此诗，“床前”多被认为是井栏之前。而月之光明普照如霜，可见其明亮。

“明”除有明亮义外，还有明天、明年的意思，这是引申指“天亮以后、下一轮的”。也有越来越光明的寓意，希望未来变得更美好。明代诗人钱福有一首《明日歌》，诗里讲“明日复明日，明日何其多”，教我们要珍惜今天，不要事事推到明日，最终一事无成、懊悔不已。

“明日黄花”指重阳节过后的菊花，逐渐衰败而无用，以此比喻过时而无用的事物。苏东坡有诗“相逢不用忙归去，明日黄花蝶也愁”，颇有从容应世、宠辱不惊的风度。

中国明代的时候，西方正在走出宗教桎梏的中世纪，进行文艺复兴。人文精神高涨，市民社会和资本主义也日趋成形。而大明王朝仍然是一个以农耕文明为主、自给自足的内陆中央帝国。郑和七次下西洋也没有建立起新型的海洋文明生态。这给西方的崛起和东方的没落埋下了伏笔。

然而历史学家汤因比说：“世界的未来在中国，人类的出路在于中国文明。”

种瓜得瓜，种豆得豆

果

甲骨文的『果』字，就是一棵树上枝头缀满果实的状态。由于果实是植物生长、开花到最后自然形成的，因此也引申为事物发展的结局，便有『果然』『因果』『如果』这些词语出现。因果律是科学规律之一，也就是俗话说的『种瓜得瓜，种豆得豆』。

“果”的形态是“木”上有个圆圆的果子，“果”中还有果籽呢——这是金文的写法。甲骨文则更形象，是一棵树上枝头缀满果实的状态。《说文》称果是“木之实”很确切，也就是树上结出来的果实的意思。

《黄帝内经》说“五果为助”，“五果”指的是枣、李、杏、栗、桃；枣甘，李酸，杏苦，栗咸，桃辛，分别代表了水果中的五种味道，五味入五脏，能够补益脏器。现代人所说的五果，则泛指鲜果、干果和坚果类食物。“食不果腹”是指吃的东西填不饱肚子，“果”在这里是使内部变充实的意思。

由于果实是植物生长、开花到最后自然形成的，因此也引申为事物发展的结局，便有“果然”“因果”“如果”这些词语出现。因果律是科学规律之一，也就是俗话说的“种瓜得瓜，种豆得豆”，积善得福，积恶成殃。但是，在生活中也有“种豆得瓜”式的幸运，这是一种更大的因果在发挥作用，超出我们眼前可见的逻辑和预料。

因为懂得敬畏因果，所以随着经验增多，人会更加“战战兢兢，如履薄冰”。这就像开车，吃亏多了，自然就懂得规避风险，预防交通事故。

“有你好果子吃”，这句话又是什么意思呢？

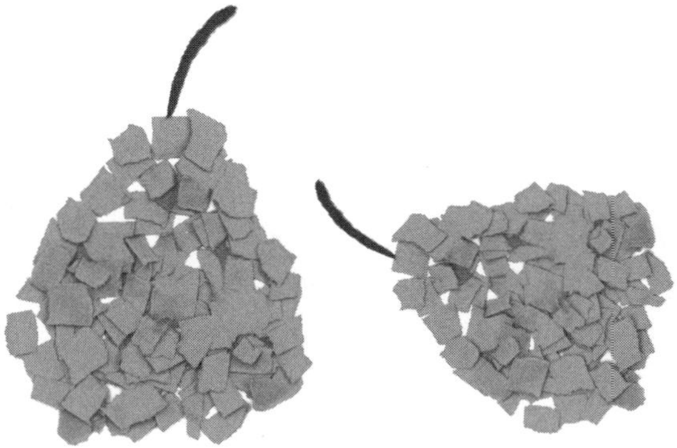

山川

吃水不忘挖井人

「泉」是水的源头，水从山中源泉涌出为泉。我们常常将「源泉」连用，是为了强调「饮水思源」，这是一种感恩的心态，告诫我们「吃水不忘挖井人」，让我们记住源泉所在。

泉

“泉”是水的源头，水从山中源泉涌出为泉。所以，“泉”“原”和“源”都是同源字——“泉”加“厂”为“原”，“原”加“氵”为源。我们常常将“源泉”连用，是为了表示强调“饮水思源”，这是一种感恩的心态，告诫我们“吃水不忘挖井人”，让我们记住源泉所在。

现在一般将泉水理解成“山泉”，指从山中流出的泉水。山泉水中常含有丰富的矿物质，被认为是天然的矿泉水。北京的玉泉山就因皇家取水而闻名。济南因为有七十二名泉，被称为“泉城”，其中趵突泉被称为“天下第一名泉”。

“黄泉”在宗教及民间俗语中，指人死后的居所，也就是地下之泉。有句话叫“黄泉路上无老少”，就是感叹生命的短暂和无常。民间认为在阴曹地府有九泉，有时候“黄泉”也指其中一个。可见，不论生死人都离不开泉水，这是人对泉水的某种崇敬。

有一个对联，上联是“山山出泉为白水”，是“出”和“泉”的拆字联，下联则可为“夕夕多烟有火因”。杜甫的诗《佳人》里说：“在山泉水清，出山泉水浊。”这是世间的常态，清泉流出山碰到泥土，自然慢慢就变得没那么干净了。

但是禅宗偏偏要说“在山泉水清，出山泉水清”，这是为什么呢？

长恨此身非我有

『身』的本义是指妇女怀孕，后来引申为身体。古人常感叹生命短暂，人生不自由。苏东坡被流放黄州的时候，就曾经写下『长恨此身非我有』，感叹人生的不由自主和不得意。

身

“身”是个象形字，其甲骨文、金文、小篆字形都像是一个腹部隆起的侧面人形，腹中突起代表胎儿，是一个怀孕的女子的样子。《说文》是这么解释的：“身，躳也。像人之身。从人厂声。凡身之属皆从身。”“身”的本义是指妇女怀孕，所以一个妇女怀孕叫“有了身子”或“双身子”。后来，“身”字引申指人的躯干，即人体除头、颈和四肢外的躯体部分。后来范围扩大，在不同词语搭配中所指不同，整个人体称为“身”，如“身体”“身高”；脖子以下的人体部分称为“身”，如“身材”“身段”。

《史记·项羽本纪》记载了“项庄舞剑”的故事：“项伯亦拔剑起舞，常以身翼蔽沛公，庄不得击。”项庄想借用舞剑的机会杀掉刘邦，项伯也起身舞剑，时常用身体四肢护着刘邦，使得项庄没机会攻击。“身”也引申为生命。我们常常说的“献身”“奋不顾身”中的“身”字，都作生命解。“身”由躯体之义，也可引申指物体的主体或主干部分，如“船身”“车身”等。“身”用于抽象意义，指人的品行、名节，如“修身养性”“洁身自好”；也可指人的社会地位，如“身份”“出身”“身败名裂”等。杜甫就用“尔曹身与名俱灭，不废江河万古流”这两句诗，来称颂初唐四杰的文采风流。

古人常感叹生命短暂，人生不自由。苏东坡被流放黄州的时候，就曾经写下“长恨此身非我有”，感叹人生的不由自主和不得意。这句诗的源头，其实是老子在《道德经》里对个体生命存在的经典追问：“吾所以有大患者，为吾有身，及吾无身，吾有何患？”

你是怎么理解生命、仁义和身体的关系呢？

巧笑倩兮，美目盼兮

『目』最初的意思，是表示人的眼睛。晏殊的『满目山河空念远』，用的就是『目』字的本义。人用眼睛可以看东西，因此古人就用『目』表示看的意思。『一目了然』是说，看一下就已经很清楚了。

“目”是个象形字，其甲骨文和金文字形都像是眼睛的样子。其实，“目”的本义就是人的眼睛。如《荀子·劝学》“目不能两视而明，耳不能两听而聪”，意思是眼睛不能同时把两样东西看得清楚，耳朵不能同时将两种声音听清楚。

《诗经·卫风·硕人》中，形容卫庄公的夫人庄姜的美丽时说她“巧笑倩兮，美目盼兮”，道出其顾盼生姿的神态。成语“目中无人”“历历在目”，晏殊的“满目山河空念远”，用的都是“目”字的本义。

《列子·汤问》里面，讲了一个“纪昌学箭”的故事。当时最厉害的神箭手叫飞卫，纪昌找他学箭，飞卫吩咐说：“你得先学会盯住一个东西不眨眼。”于是纪昌回家躺到老婆的织布机下面，盯着梭子看了三年。直到锥子扎到眼睛上也不眨一下，他才去见飞卫。飞卫又说：“光不眨眼还不够，你得学会把小的东西看大。”纪昌又回去，拿牛尾巴上的毛把一个跳蚤挂在窗户上，看了几年，直到把跳蚤看成车轮那么大——这时候随便看一个东西，都觉得像山那么大。他试着拿一把弓射挂着的跳蚤，跳蚤射中了绳子却没有断。于是他再去找飞卫，飞卫很高兴地说：“你已经学会射箭了。”

人用眼睛可以看东西，因此古人就用“目”表示看的意思。“一目了然”是说，看一下就已经很清楚了；“耳濡目染”的意思是，因为经常在某个环境中被熏染，所听所见都是这一类事，自然就会受到影响。

战国大哲学家韩非说：“善张网者引其纲，不一一摄万目而后得。”意思是：善于张网的人是去牵引渔网的总绳，而不是一个一个地去牵曳每个网孔。由于网络像眼睛，故以“目”类比引申。东汉学者郑玄也说过类似的话：“举一纲，而万目张。”意思是说把渔网的纲一提，所有的网眼都撑开了。

我们常常把原来没有顺序的事物整理出来，按照一定的次序进行排列，以使条理更为清晰。所以“目”也表示条目的意思，如字典的“条目”，书本里的“目录”“书目”，以及演出时的“剧目”等，都是为了让人“过眼”。人们还把想要去的地方称为“目的地”，把想要达到的标准称为“目标”。

目和臣是有关联的。人在俯首称臣时，目光是下垂的。所以臣字的字形是一个竖着的目的样子。“泪”这个字也很形象，就是眼中流出的泪水。

与目有关的成语有很多，如“目不识丁”，指连一个字都不认识的文盲；“目不暇接”的意思是眼睛看不过来。佛教还有一个“目连救母”的故事，和我们现在的盂兰盆节有关系，你知道这个故事吗？

万物化生的开始

風

『风』的本义是空气流动，其甲骨文字形像是一只御空飞行的凤凰。《黄帝内经》说『东方生风』，东方是太阳升起的地方，『风』代表着动，动则意味着变化，意味着生长消亡。

“风”是个象形字，其甲骨文字形就像一只御空飞行的凤凰，因为古代“凤”与”风”是同一个字。

“风”的本义是空气的流动。《易经·说卦》：“动万物者，莫疾乎雷；挠万物者，莫疾乎风。”意思是：惊动万物的，没有大过雷的；扰乱万物的，没有大过风的。这是“风”的基本义项，几千年没有变。风暴、风力、风沙等词语，用的都是这个义项。“风”还可以指借风力作用，使东西干净或失去水分，如“风干”“晒干风净”。

《黄帝内经》说“东方生风”，东方是太阳升起的地方，“风”代表着动，动则意味着变化，意味着生长消亡。经过一个冬天的蛰藏，春天阳气渐渐升起，大地解冻，埋在土里的种子，休眠状态的动物都开始活动——这个动，就是风，万物的化生都是从风开始的。

“风”是一种能量，由地球自转而产生。对于“风”和“虫”的认识，在中医里头解释得比较清楚，中医认为“风”是带来外感六邪的病因之一，如“风湿”是逐渐积累起来的慢性疾病，有些类型的感冒则是“风寒”。夏天热的时候就需要通风，但是晚上睡觉又要注意防风，最好别开着窗户直接被风吹到。空调的风直接吹到身体上容易伤人；有些电风扇风太强劲了，对身体也不好；但是，像扇子扇出来的这种自然风，就没事。该如何对待以及使用风，需要根据具体的情况而言。

《说文》则分得更细，许慎认为风有八种：“风，八风也。东方曰明庶风，东南曰清明风，南方曰景风，西南曰凉风，西方曰阊阖风，西北曰不周风，北方曰广莫风，东北曰融风。风动虫生，故虫八日而化。从虫，凡声。凡风之属皆从风。”段玉裁解释说："风之大数尽于八，故虫八日而化。"

风能够吹动万物，使万物顺服，这和教化他人，使其顺服的作用有些类似。所以就用"风"表示教化的意思。《诗经·周南·关雎序》："关雎，后妃之德也，风之始也，所以风天下而正夫妇也。"这段话的意思是：《关雎》，表现的是王后、王妃的道德，是国风的开始，用来教化天下，敦正夫妇关系。

《国风》是《诗经》中的精华，是我国古代文艺宝库中璀璨的明珠。流传在各诸侯国的起教化作用的民歌，古人有时简称之为"风"。其中《齐风》就是齐国的民歌，《郑风》就是郑国的民歌。

后来，有人用"风"泛指民歌。《国风》中的周代民歌以绚丽多彩的画面反映了劳动人民真实的生活，表达了他们对受剥削、受压迫的处境的不平和争取美好生活的信念，是我国现实主义诗歌的源头。

人们把在思想、工作和生活等方面表现出来的比较稳定的态度或行为风格，称为"作风"。如《孟子·万章下》："故闻伯夷之风者，顽夫廉，懦夫有立志。"这段话的意思是：所以那些听到伯夷作风的人，贪夫廉洁了，懦夫有志气了。

苏轼喜好求仙访道，有一次打坐状态很好，就写了首诗给金山寺的佛印和尚："稽首天中天，毫光照大千。八风吹不动，端坐紫金莲。"派了个童子送过去，佛印在上面批了两个字："放屁。"苏东坡看了大怒，马上备船过江找佛印理论。

一见面佛印和尚就说："八风吹不动，一屁过江来。"一句话把苏东坡给堵回去了。你知道为什么吗？

人在草木间

『茶』最早写作『茶』，到汉代才出现『茶』字，最早入药，后来逐渐成为一种日常饮品。到陆羽所处的唐代饮茶开始风行，及至宋代，茶的饮用从粗放到精细，越发讲究。当代有人将茶字解为『人在草木间』，虽非造字原意，但确有可取之处。

“荼”是后起字，起先写作“荼”，上面是“草”，下面是“余”——意为多余之物。所以，荼的意思是闲置的芽叶，可以入药、饮用。大约从汉代起，“荼”才写作“茶”。唐代陆羽写的《茶经》里说：“茶者，南方之嘉木也。”茶多产于南方山林之地，有诸多别名。陆羽总结说：“其字或从草，或从木，或草木并。其名一曰茶，二曰槚，三曰蔎，四曰茗，五曰荈。”

茶从早期入药到日常饮用，经历了一个漫长的过程。到陆羽所处的唐代开始风行，及至宋代，茶的饮用从粗放到精细，越发讲究。

茶以色分：有红茶、绿茶、白茶、黑茶、青茶、黄茶之谓。以发酵程度分有：不发酵、轻发酵、半发酵、全发酵、后发酵。

当代有人将茶字解为“人在草木间”，虽非造字原意，但确有可取之处。茶能助神思，故亦有“茶者察也”的说法。茶道起始于陆羽，后传至日本，遂落地开花，以千利休的“茶道”为一绝。而中国的茶道几经战乱，反而没落，沦为茶艺表演。今和平久矣，高人隐士迭出，亦有复盛之象。

茶多产于南方，云南有茶马古道，用马匹将制作好的一块块紧压茶砖运送至西藏、青海等地。北方民族好食酒肉，而茶有消食化腻的作用，故北方亦多需求。茶叶、瓷器和丝绸，也是历史上的重要出口物资。茶叶也受到西方人的喜爱，英国人就有喝下午茶的习惯。美国独立史上有名的“波士顿倾茶事件”也和茶有关，不过当时英国东印度公司经营多年的印度，已经超越中国成为世界茶叶贸易的重要产区。

那么，印度人是从哪里学习到生产、加工茶叶的技术的呢？

大庇天下寒士俱欢颜

『寒』的金文字形，是一个人在屋子里用干草暖身的图像，屋子外面天寒地冻。『寒』又引申指贫困，古时将家境贫困或门第卑微的读书人称为『寒士』，如杜甫《茅屋为秋风所破歌》中说『安得广厦千万间，大庇天下寒士俱欢颜』。

“寒”是个会意字，其金文字形的结构较为复杂，外部是一个房屋，屋内有一个人，用干草暖身，下面的两横表示屋外结冰——真是天寒地冻啊。《说文》的解释也差不多是这个意思：“寒，冻也。从人在宀下，以茻荐覆之，下有仌。”

“寒”的本义指寒冷。《荀子·劝学》说：“冰，水为之，而寒于水。”这段话意思是：冰是水凝结成的，但它比水寒冷。

《史记·刺客列传》中记载了荆轲刺秦王的故事：荆轲受太子丹之请刺杀秦王，太子丹和宾客们都穿了素服来到易水边为他送行。就要上路了，高渐离击筑，荆轲和着筑声悲壮地唱道：“风萧萧兮易水寒，壮士一去兮不复还！”唱罢登车西去，始终没有回头。

寒冷能使人不自觉地发抖，而恐惧也能使人发抖，所以“寒”字亦有“害怕”义。如《战国策·秦策四》：“梁氏寒心。”意思就是：梁氏很害怕。宋代诗人杨万里追忆被金兵追赶时有诗句云：“今兹过吾舟，念昔犹胆寒。”

贫困就不免饥寒，因此“寒”又引申指贫困，如“寒窗”“寒苦”“饥寒”等。古时将家境贫困或门第卑微的读书人称为“寒士”，如杜甫《茅屋为秋风所破歌》中有“安得广厦千万间，大庇天下寒士俱欢颜”的诗句。

“寒”字还用来形容很难看，或表示不体面、丢脸，如“寒碜”；当然，如果是谦称，可以称呼自己家为“寒舍”。“寒”字也能借指“冷清”的意思，如“寒月”“寒山”。唐代有位高僧就叫“寒山”，因为常年隐居在浙江天台山寒岩而得名。在宋代人编的《古尊宿语录》里，记录了寒山和好友拾得的一段对话。寒山问曰："世间有人谤我、欺我、辱我、笑我、轻我、贱我、恶我、骗我，该如何处之乎？"拾得答曰："只需忍他、让他、由他、避他、耐他、敬他、不要理他，再待几年，你且看他。""姑苏城外寒山寺"是我们耳熟能详的故事，其实日本东京也有一座寒山寺，寺庙门口有块石碑，上面还刻着张继的这首《枫桥夜泊》。日本甚至还有以"寒山"命名的酒、墨及料理店。

天上的月亮，民间故事里叫"广寒宫"——取这个名字，可能是因为从地上看，月亮永远是一副清冷的感觉吧。据说广寒宫里住着嫦娥和小白兔，还有一个被罚砍月桂的吴刚。这棵桂树高达五百丈，而且有自我疗愈的神奇能力，每砍一刀伤口迅速就能复原——吴刚的命运，和希腊神话里面的西西弗斯是不是很像？

山川

寒来暑往

「暑」字的本义是热。「寒来暑往」，意思就是冬夏更替。元好问有首《摸鱼儿》写道：「问世间，情为何物，直教生死相许？天南地北双飞客，老翅几回寒暑。」这里面的「寒暑」，就是相知相守度过的岁月。

“寒”和“暑”是相对的，寒是冷，暑是热。《说文》解释得很直接：“暑，热也。”夏天最热，所以“暑”也指夏天。“暑”字上半部分是“日”，也就是太阳，下半部分是“者”。“者”并不仅仅指人，也泛指地上的万物，但它的本义是聚在一起烤火、交流。后来，这个“烤火”的意思被“煮”字代替了，“交流”的意思被“诸”字代替了。太阳在大地正上方，照耀“诸物”，万物如煮。所以天气很热，这就是“暑”。

“暑”是形声字，《说文》讲：“从日，者声。”在古代，“者”是“煮”和“诸”的本字，是“暑”的声旁，也是形旁——即“煮”，表示引火炊煮，形容热。“锄禾日当午，汗滴禾下土。谁知盘中餐，粒粒皆辛苦。”李绅的这首《悯农》，讲的就是农民在酷暑下劳作的辛苦，并劝诫我们要珍惜粮食。

有个词“不避寒暑”，是指冒着严寒酷暑，不怕吃苦，很执着地去做一件事。还有个词是“寒来暑往”，意思就是冬夏更替。在这里，“寒”“暑”指的就是季节和时间了。“不知经过了多少寒暑”，就是不知过了多少年的意思，用“寒暑”比直接用“年”字感觉更形象，更有温度。元好问有首《摸鱼儿》写道：“问世间，情为何物，直教生死相许？天南地北双飞客，老翅几回寒暑。”这里面的“寒暑”，就是相知相守度过的岁月。

“寒暑”并用，还常有循环往复的意思，即时间周流不止。《易经》里说：“寒往则暑来，暑往则寒来。”意思是冬天走了是春天，夏天过后是秋天。所以，“寒暑”不是严格意义的气候变化，主要是说明一切都在变化之中，万物循环不止。

宋太宗有首诗《缘识》，末尾几句是：“人生苦海中，否泰知通塞。四季倏忽来，寒暑变为贼。偷人面上花，夺人头上黑。”那么，为什么“寒暑”会变成贼呢？

人事

感时念父母

『父』字最早是『斧』的意思，后来引申出成年男性、父亲等含义。蔡文姬从匈奴回归汉地后写的《悲愤诗》里就有『感时念父母，哀叹无穷已』，感叹时局的纷乱不得已，思念父母、家庭的温暖。

"父"这个字出现得很早，发展过程中意义变化很大。在甲骨文中，"父"是手持石斧之形，它最早的意思是"斧"，形容石器时代男子持石斧狩猎、干活，象征力量和勇敢，所以这个字也代表成年男子，意味着值得敬重之人。这个意义后来与"甫"字通用，《诗经》中有大量这类运用，如"保兹天子，生仲山甫"。"父""甫"两个字有"父""老"的意思，是对男性长辈、美男子的尊称或美称，比如伯父、舅父、叔父、父执、田父、渔父，等等。

有些古人的字里面也会用"甫"，王安石的字是"介甫"——一个耿介的老头，跟他的名字"安如磐石"很贴切；陈独秀字"仲甫"，因为在家里排行老二。古人以孟、仲、叔、季算排行，像曹操评价孙权"生子当如孙仲谋"，"仲谋"是孙权的字，他上头还有个英年早逝的哥哥孙策。

"父"音通"服"，无论"父""斧"，都有让人畏服、敬服之义。"父"字的"斧"形再变为用手举着棍杖，家长的含义就出来了。有人甚至考证说，父字是"入主并治理一个家庭"的意思，本义是继父，引申为父辈，转义为亲父。这终究是一家之言，很难证实。蔡文姬从匈奴回归汉地后写的《悲愤诗》里就有"感时念父母，哀叹无穷已"，感叹时局的纷乱不得已，思念父母、家庭的温暖。

从母系社会到父系社会，"父"字跟"母"字相比，其意义确实要丰富得多。父除了指直系血统的上一代男性，即我们通常说的父亲外，还有很多含义，如父是对男子的美称、尊称，《诗经》："维师尚父，时维鹰扬。"父还特指老年男子，如《史记》所记载项羽自刎乌江前的名言："纵江东父老怜而王我，我何面目见之？”

父因此还意味着万物生化之本，故《易经》说：“乾为父。”父还指一种大事业的创始者，如国父、微信之父、光纤之父等。父还指一种事物的开始，如老子说：“强梁者不得其死，吾将以为教父。”

但“父”字楷书化后人们又望文生义，比如说，“父”字上面的两点可作一撇一捺的“八”看，代表一阴一阳；下面是交叉的意思，阴阳交变产生出万物，故这个字就指代为人之父。父字为什么读音通“负”？有人以为这是负债、负责、负担的意思，为人父者是有一种责任的，养育子女、教育子女是父亲的责任。

那么，养育子女到底是一种“负担”，还是一种“责任”？

爱上母亲的面孔

142

『母』字的本义就是母亲，有人认为母字音通『目』，这个字有『对目以哺』的意义。英国作家乔治·艾略特的名言就是：『我的生命是从睁开眼睛，爱上我母亲的面孔开始的。』

跟“父”字不同，人们对“母”字的认知没有歧义。早期的“母”字就是女字中有两点，古代的学者们说：“母其中有两点，象人乳形。”《说文》：“母，牧也。从女。象怀子形，一曰，象乳子也。”现代的郭沫若也说这个字，“象人乳形之意明白如画”。“母”字的本义就是母亲。运用较广的词汇有“母亲”“母性”“母系”“慈母”“母忧”（称母亲去世）。

跟“父”字指男性长辈一样，“母”字也指女性长辈，如姑母、舅母、祖母、叔母、伯母。

“母”字还指事物的本源：酒母、字母、母机、母财（资本）、母金（本金，本钱）。《老子》说：“天下有始，以为天下母。”

“母”字还指雌性动物，如：母大虫（母老虎，常用作凶悍妇女的绰号）、母猴、母蟹、母猫、母狗、母猪。

许慎对“母”字字音的理解落脚于牧，从“牧养”的角度也说得通。但有人认为“母”字音通“目”，这个字有“对目以哺”的意义。人与其他动物哺乳方式不同，婴儿在哺乳时，眼睛与母亲的眼睛相对。母亲对婴儿的影响，从哺乳开始；母亲对孩子的哺育，比其他动物的时间长，其间交流的程度深。英国作家乔治·艾略特的名言就是：“我的生命是从睁开眼睛，爱上我母亲的面孔开始的。”

虽然“母”字字形不如“父”字丰富，但“母”字的组词却比“父”字要丰富得多。比如我们说一个人的第一语言、一个人婴幼儿时期自然学到的语言、一个人的本民族语言就叫母语。祖国也经常被伦理化地称为祖国母亲。

但“母”字在安徽的方言中还用作形容词：

“他太母了，半天都没弄好。”你知道这个意思是怎么产生的吗？

落花时节又逢君

『君』是尊长的意思，其本义就是发号施令的统治者。后来也成为一种尊称，相当于『您』，如李白的诗句『思君不见下渝州』杜甫的诗句『落花时节又逢君』。夫妻之间也把君作为一种尊称，如夫君、细君；李商隐的诗：『君问归期未有期。』

“君”字从尹、从口。在甲骨文中，“尹”字左边一竖，右边是“又”，字形像是手里拿着什么，所以许慎在《说文》中认为“尹”字是握事、治事的意思，“君”字是尊长的意思，发号施令治理一切。君的本义就是统治者。

那么，作为统治者的“君”，手里拿的一竖是什么？传统观点认为是笔。但跟笔相关的音跟“尹”“君”有差异，所以有人以为那一竖代表的不是笔，而是掌握军队的权杖，陈独秀先生即认为这一笔是指挥棒——“君”音通“军”。

君从权力的掌控者开始，还引申为掌握着土地等资源的各级统治者，如范仲淹的名句：“居庙堂之高则忧其民，处江湖之远则忧其君。”在封建时代，国君封臣子的称号也称“君”，如战国著名的公子平原君、孟尝君、春申君等。再进一步引申，君也成为人的一种尊称，相当于“您”，如李白的诗——“思君不见下渝州”。在古代，隐士就聘者被称为“征君”，持节出使者被称为“使君”，可以说都是对人的敬称。夫妻之间也把君作为一种尊称，如夫君、细君；李商隐的诗：“君问归期未有期。”在汉语文化的发展中，除了国君、君王外，“君”字运用得最广的莫过于“君子”一词。君子最初是对统治者和贵族男子的通称。《诗经》中说：“彼君子兮，不素餐兮。”君子还引申为地位高的人，后来指人格高尚的人，跟西方文化中的“绅士”有相似处。

孔子说：“人不知而不愠，不亦君子乎？”有人甚至认为，一部《论语》重要的话题就是谈论君子之道，孔子一再告诫弟子，要做君子儒，不要做小人儒。那么，什么是孔子所说的“君子儒”呢？

親

每逢佳节倍思亲

147

关于『亲』字，最有名的诗莫过于王维的《九月九日忆山东兄弟》：『独在异乡为异客，每逢佳节倍思亲。遥知兄弟登高处，遍插茱萸少一人。』这首诗道尽了一个远在异乡的游子对家乡和亲人的思念。我们身处城市的现代人读这首诗，或许还能生起对那个已经逝去的乡土中国的情思。

传统观点认为，“親”字从辛、从“木”、从“见”，辛是刻记辨认身份的刑刀，以刀刻木，以见情意恳切。这个字的本义就是指亲爱，指有血统或婚姻的关系，如亲属、亲人、亲缘、父母双亲，等等。亲也有婚姻的意思，如定亲、亲事，有时候特指新娘，如娶亲、迎亲。中国文化中常有六亲的说法，即父母、兄弟、妻子等亲属关系；人们评价一个人自私，会说他“六亲不认”。亲的引申字义里，有夫妻双方的父母对彼此的称呼，如亲家、亲家公、亲家母。

关于“亲”字，最有名的诗莫过于王维的《九月九日忆山东兄弟》：“独在异乡为异客，每逢佳节倍思亲。遥知兄弟登高处，遍插茱萸少一人。”这首诗道尽了一个远在异乡的游子对家乡和亲人的思念。我们身处城市的现代人读这首诗，或许还能生起对那个已经逝去的乡土中国的情思。

有人认为“親”字不是从“辛”、从“木”、从“见”，而是从“立”、从“木”、从“见”。立木乃是人种植的树木，见立木为亲。因此“亲”是见到草木土地的意思，人们看到枣树、榕树，顿生亲情，亲字有家园感、认同感。“亲”音通“情”，有感情的寄托在——有情则近，无情则疏远，所以成语才说“远亲不如近邻”。杜甫也曾经在诗中感叹：“亲朋无一字，老病有孤舟。”

亲也指一切亲密的关系，如乡亲、亲朋、亲戚；亲也因此表示自己的、本身的意思，如亲笔、亲睹、亲自，等等；亲还表示感情好、关系密切，如亲密、相亲、亲疏，等等。亲因此有近的意思，《易经》中说：“本乎天者亲上，本乎地者亲下。”

人们用嘴唇接触表示喜爱，称为亲吻。“亲”

还通“新”,《大学》开篇的话:“大学之道，在明明德，在亲民，在止于至善。”这个“亲”字，就有新的意思。

“亲”字在简化的过程中把右边的“见”字去掉了，网友因此编排简化字说:“亲不见了。”当然，也有人认为：中国社会是一个熟人社会，人们一生都是在搞关系，“亲不见了”正是要跟现代社会的理性、规则、制度相适应。

師

传道受业解惑

『师』的本义是民众，人众为师。无论是民众，还是一支军队，都需要训练、管理，否则会出问题。师因此有教导之义，甲骨文中的『师』跟『文』相连——从教导到师表，韩愈说：『古之学者必有师。师者，所以传道受业解惑也。』『师』音通『是』，师就是教人求是，让人识别是非善恶，能走正路。

"師"字从"𠂤"(duī)、从"帀"(zā),𠂤是小土山,帀是包围。四下里都是小土山,表示众多。"师"字的本义是民众,人众为师。《易经》中的师卦说:"君子以容民畜众。"天子所居所在的都城,被称为京师,《尚书·尧典》说:"地下之众者,莫过于水。地上之众者,莫过于人,京大师众也。"

后来,"师"被用来指部署的军队,即一级军队编制,二千五百人为一师。按《周官·大司马》中记载:"藏兵于农,每户出一人,五人为一伍,五伍为一两,四两为一卒,五卒为一旅,五旅为一师,五师为一军。"

无论是民众,还是一支军队,都需要训练、管理,否则会出问题。因此师有教导之义,甲骨文中的师跟文相连——从教导到师表,韩愈说:"古之学者必有师。师者,所以传道受业解惑也。""师"音通"是",师就是教人求是,让人识别是非善恶,能走正路。师也因此有老成、稳重之义,有忧患之义,《易经》中说:"比乐师忧。"

师的意义是丰富的,还能指有特殊技能之人,如厨师、医师、技师。师也指榜样、借鉴——前事不忘,后事之师。在后来的演变中,师主要指老师和军队,如教师、军师、水师、挥师、师旅,等等。

师法有效法、学习的意思。那么,老子、孔子他们是以什么为师?

公

周公吐哺，天下归心

『公』字最开始的意思，是集体公用的储水设施，后来借指『众人的』，衍生出对年长男性的尊称等意思。曹操在《短歌行》里说『周公吐哺，天下归心』。意思是周公为了处理政务、会见宾客，一顿饭都要停下来好几次。这样的人，这样的用心，自然得到天下人的拥戴。

“公”字的甲骨文字形是上八下口，有学者认为，“公”字的本义是“瓮”，或者集体共用的储水设施（加盖的水井或者陶罐）。到小篆、楷书时，“公”字就演变成了上八下厶的样子。上八意味着相背，下厶是私的本字，合起来表示“与私相背”，即“大公无私”，也就是公共财物。公就有“公共”“公家”“公众”等意思，与“私”字相对应。韩非子说：“背厶谓之公，或说，分其厶以与人为公。”《说文》则是这样解释的：“公，平分也。”“公器”“公正”“公平”等，取的都是这个意思。

“公”音通“共”，公是共同利益所在，公有共同的意思，如公意、公愤、公患、公拟、公共知识分子，等等；又如公海、几何公理、公里、公斤、公尺、公元，等等。黄宗羲说：“天下有公利而莫或兴之，有公害而莫或除之。”作为名词，“公”可指朝廷、国家、君王、掌权者、男性长者，“公”还指一等爵位，五等爵位依次是：公、侯、伯、子、男。

公还有让人知道的意思，如公开、公布、公之于众。凡属于集体事业、国家公共事业的即可称公，如公文、办公、公园、出公差，等等。

公也用于对父辈、祖辈的称呼，如公公、外公，妻子也称丈夫为老公。曹操在《短歌行》里说“周公吐哺，天下归心”，意思是周公为了处理政务、会见宾客，一顿饭都要停下来好几次。这样的人，这样的用心，自然得到天下人的拥戴。苏轼写的《南乡子》里面，有两句近年来特别流行：“醉笑陪公三万场”“不用诉离殇”。本来分属上下阕，被现在的年轻人们连起来，把“公”字改成“君”，用以表达朋友或者恋人别离的情感，也别有一番味道。

“公”的用途极广，词汇极为丰富。传统中国有“三公九卿”一说，三公的意思是三种官职，各个时期说法不同：太师，太傅，太保；司马，司徒，司空；太尉，司徒，司空。孔子感慨过的理想社会，是“大道之行也，天下为公”。

那么，这种理想社会的形态，要怎样才能实现呢？孔子所说的“大道”，到底指的是什么？

民族 民生 民权

民

《说文》解释：『民，众萌也。』萌有萌芽、无知之义。民权意识的高涨是近现代的事。孙中山主张民族、民生、民权的『三民主义』，成为百年来重要的观念，跟美国总统林肯的『民有、民治、民享』异曲同工。

对“民”字原形的辨识至今没有定论。《说文》里许慎的解释是：“民，众萌也。”萌有萌芽、无知之义，民音通冥，有昏暗、冥顽之义。民即指没有文化的人，转音加“亡”为“氓”——氓即失去土地的人，流民即流氓。孔子说：“以不教民战，是谓弃之。”屈原在《离骚》里也说：“长太息以掩涕兮，哀民生之多艰。”

有人认为，“民”的甲骨文、金文字形是被人用锋利物品刺瞎眼睛的人，即上部是“目”——一只眼睛，下面是一把锥子刺进眼睛。郭沫若等人认为其义为奴隶。但这一解释无法证实，反而在《尚书》等文献中可证，民是自由民而非奴隶。有人还认为郭沫若等人对“民”字字形的辨认有误，刺入眼睛的不是锥子，而是一株庄稼的萌芽，这说明民是非常关心农作物生长情况的普通百姓。从后来汉语的语境中也可看出，民与官相对，说明民是有别于君主和官吏的黎民百姓。

但“民”字在小篆中发生了演变，变成了从“尸”、从“氏”。有人认为，“尸”意为身体不动弹，引申为不迁徙；“氏”意为国族、族——“尸”与“氏”联合起来表示本地常住人口、土著。古人解释说，土著者为民，外来者为氓，这同样说明氓是失去本土而流离失所的人。《诗经》里面就有首诗叫《氓》，以一个妇女的口吻讲述了自己恋爱、为人妇以至其丈夫“信誓旦旦，不思其反”的情感经历。

在传统中国，官民相对是一个非常重要的现象，自古就有“民不与官斗”的说法。在秦汉以前，中国社会的结构就是士农工商的四民结构，《春秋穀梁传》说：“上古者有四民：有士民，有商民，有农民，有工民。”《春秋公羊传》中解释四民："德能居位曰士，辟土植谷曰农，巧心劳手以成器物曰工，通财货曰商。"秦汉以后，王权的加强使得民权处于弱势，"官家"成为社会的关键词。

民权意识的高涨是近现代的事。孙中山主张民族、民生、民权的"三民主义"，成为百年来重要的观念，跟美国总统林肯提出的"民有、民治、民享"异曲同工。诗人穆旦在《赞美》中曾写道："我要以一切拥抱你，你，我到处看见的人民呵，在耻辱里生活的人民，佝偻的人民，我要以带血的手和你们一一拥抱。"写这首诗的时候，穆旦在西南联大任助教，几个月后他就加入远征军入缅与日军作战，随后经历了残酷的滇缅大撤退。

孔子在《论语》里讲过："民可使由之，不可使知之。"这句话历来争论不已，你是怎么理解的呢？

应无所住 而生其心

甲骨文『心』的字形，就是人或动物心脏的轮廓。心肝脾肺肾五脏中，只有心字没有代表物质、肉体的『月』（肉）字旁，其中就有中国文化的观察和总结，即心脏是阳气十足的，也不只是一个肉体器官，里面藏着『心神』。

公认的看法是，“心”是象形字。甲骨文中的“心”字，就是指人或动物的心的轮廓。从经验来看，这也是成立的。无论是先民，还是现代人，经常有机会看见猪、牛、羊的心脏。人类对内脏器官的观察应该有漫长的历史，在心肝脾胃肾等脏腑的造字中，只有心字没有加入“月”——也就是“肉”字旁，这其中就有中国文化的观察和总结，心脏是阳气十足的，也不只是一个肉体器官，里面藏着“心神”。

心脏具有特殊性，它的跳动一刻不止，生命就一息尚存。心脏作为主管血液循环的器官，是神秘的、神圣的，中医把心脏称为“神明之府”——神明居住之地。因此，跟视心脏为物质器官的文化不同，中国文化认定心是思维的器官，思想、感情等字词都跟心有关。有人为此认为中国文化罔顾事实：思考是大脑的功能，怎么会是心脏的功能？但西方文化的“heartbreak”（心碎）一词也证明西方人同样视心脏有思维、感情之义。按照传统中医或者禅宗的说法，大脑可以说是思维的载体，那个思维的动因，其实是在心而不在脑。

“心”音通“新”，心脏确实具有更新的功能，在人跟外界发生能量物质交换的生命更新运动中，心脏提供了最具关键作用的动力：它通过血管把营养和新鲜氧气输送给全身，把废弃物排出体外，实现新陈代谢。

有意思的是，在极为古老的天文学二十八星宿的分野中，东方苍龙中的七宿有一星宿就称作心宿。心宿有三颗星，《诗经·唐风·绸缪》中说“绸缪束薪，三星在天”，这里的三星就是指心宿。心宿在古代有重要的意义，心宿二又被称为“大

火”，即“七月流火”的一颗星，是历法的重要标志。

心脏在人体的中央位置，故“心”又有中央、中心、中间部位等义。按照《易经》后天八卦的认知模型，心对应的是离卦，像太阳一样处于最高的位置，永不停息地普照万物，为身体提供动能。

大家知道，六祖慧能是听到跟心有关的一句话而求道悟道的，这句话是“应无所住而生其心”。很明显，这里面的“心”指的不是物质上可见的那颗心，那么它指的是什么呢？怎样才能找到它呢？

我爱深如你

『爱』字本义是『喜爱』『爱好』。佛教有『爱别离』之苦，特蕾莎修女则说：『爱，直到伤害。』宋代的周邦彦有首词《万里春》：『我爱深如你。我心在、个人心里。』质朴，直白，仿佛现在的年轻人。

"爱"字不见于甲骨文，最早见于金文中，可见这种人类情感被文字图写定型是比较晚的。"爱"字原形中有"张口告人，心里喜欢"的意思，其本义是"喜爱""爱好"，爱即表示有深挚的感情，后来引申出"爱情""爱惜""贪"等意思来。爱作为人类的情感虽然炽热，却也细腻，非蛮荒上古时代所产生并能把握的。有人认为爱当为有所贪恋而行迟之义，贪恋、行迟也应该是文明发展到一定阶段的产物。

"爱"音通"挨"，有挨近、厮守之义，"生不同寝死同穴"，"在天愿做比翼鸟，在地同为连理枝"。"挨"还有受折磨之义，"爱"也辛苦。佛教有"爱别离"之苦，特蕾莎修女则说："爱，直到伤害。"《说文》认为："爱，行皃。"这就把爱解释为"行走的样子"，具有"疼惜呵护对方，为之奔波辛劳"之义。宋代的周邦彦有首词《万里春》，里面这几句写得很有意思："我爱深如你。我心在、个人心里。"质朴，直白，仿佛现在的年轻人。

爱有仁爱之义，孔子称赞子产，为之流泪说："古之遗爱也。"爱有友爱之义，即我们常说的"兄爱弟敬"。爱有喜好、爱护等义，周敦颐《爱莲说》："晋陶渊明独爱菊。"爱也有贪得之义，岳飞的名言："文臣不爱钱，武臣不惜死，天下平矣。"

从上可知，跟英语love等纯粹的情爱相比，汉语语境的爱要宽泛得多，爱在爱情的表达领域有所不足。有人认为中国人在示爱方面做得不够，无论是年轻男女，还是中老年夫妻，"爱"字很少或很难说出口。你有多久没有对自己的亲人和爱人，说过一句"我爱你"了？

以天地之心为心

仁

『仁』的本义即亲近、友爱。『仁』字从『人』，从『二』。这个字为什么要从『二』？二的含义有不止一个的意思，这就表示要将心比心；二还代表天和地，仁字从二不从三，表示要化掉人心，以天地之心为心。

“仁”字是两个人走在一起，表明相互之间都有亲近的要求。仁的本义即亲近友爱。《说文》解释：“仁者，亲也。”古人对仁是看重的，“上下相亲谓之仁”“温良者，仁之本也”“仁者，谓其中心欣然爱人也”“仁者，可以观其爱焉”。这里面强调的是“上下相亲”的“爱”，一个仁者必定是满怀温柔地看待这个世界，温柔地对待他人，也收获他人的温柔。

“仁”音通“人”，说明做人的原则是讲仁。仁者爱人，经过孔子等儒家的发挥，仁成为中国文化的核心观念之一。孔子说：“夫仁者，己欲立而立人，己欲达而达人。”“志士仁人，无求生以害仁，有杀身以成仁。”一个仁者，必定是在成就别人的同时，也成就了自己。一个志存高远的仁者，不会因为求生而牺牲自己秉持的理念；有必要的时候，也可以为了自己的理想而牺牲生命。

孔子等人认为，仁爱、仁心是一个人固有的天性，天然需要生发、展开、壮大的。不无巧合的是，“仁”也常指可以食用的种子、坚果、核果等。这些果仁，如核桃仁、瓜子仁，基本上也是由两瓣组成。作为种子的果仁只要没有被破坏，给予适宜的条件，就能萌芽、开花、结果，或长成参天大树。所以，仁也意味着生机、生气。儒家学说的仁的观念，在某种意义上几乎可跟自然界的这一现象相印证——《尚书》说“木曰曲直”，一个健康、阳气充沛的树木，必定是充满活力生机，富有弹性的生命状态。

“仁”的思想，可以从很多种角度去理解、感受。《论语》说：“智者乐，仁者寿。”为什么仁者就能长寿呢？

道是人们所走的路

许慎说『道』是人们所走的路。我们文化的核心概念之一就是道，道作为中国文化的关键词，可以与其他文化中的『上帝』『梵』『逻各斯』等关键词相参照。道的含义太丰富了。然而，道在哪里？庄子说：『无所不在，在蝼蚁，在稊稗，在瓦甓，在屎溺。』

在金文中，“道”字两侧是个“行”字，意思是十字路口，里面有一个上“首”下“止”的人，意思是人在道路上行走。到小篆时，“道”字省去了“行”字，从“辵［辶 chuò］”、从“首”，就是身体行走的状态。许慎说：“道，所行道也。从辵，从首。一达谓之道。”意思是说，道是人们所走的路。字形采用“辵、首”会义。直达的大路叫作“道”。西方有句谚语：“条条大道通罗马。”讲的是我们做一件事情可能有许多不同的方法，但最终都能够抵达那个终点，有点类似汉语的“殊途同归”。

道表示道路，表示“从头开始行走”。这个极为具体的现象在演变中变得极为丰富，既微观又宏观，又具象又抽象。如《诗经》中的名篇《蒹葭》讲到“道阻且长”——道路险阻而漫长，就是实指“道路”。苏东坡的《念奴娇·赤壁怀古》中的“故垒西边，人道是，三国周郎赤壁”，这里面的“道”是“讲述”“说道”之意。白居易的《暮江吟》中“一道残阳铺水中，半江瑟瑟半江红”，这个“道”则是细长的线条，是“道路”的引申义。

我们文化的核心概念之一就是道。在汉语的发展史上，道指路，如街道、铁道、羊肠小道；指水流的通路，如水道、河道、黄河故道；指方向、途径，如门道、治国之道；指技艺、方法，如医道、茶道、棋道；指事理、道理，如公道、天道；指道德、正义，如道义、人道、厚道；指言语表示，如道歉、道别；指细长条的痕迹，如划条道儿；指行政区划，如山东道、北海道；道还用作量词、长度单位，如一道杠……

道的含义太丰富了。然而，道在哪里？庄子

说："无所不在，在蝼蚁，在稊稗，在瓦甓，在屎溺。"为什么这么说？对于一个得道的人而言，眼前所见一切都是道的显现，否定一物即无道。

关于道，我们中国人每个人都能说道说道。"人心惟危，道心惟微。"（《尚书》）"一阴一阳之谓道。"（《易经·系辞传》）"立人之道，曰仁与义。"（《易经·说卦传》）道音通"到"，我们终其一生在大地上行走，达到目的地了，就是得道了——那么，这个目的地究竟在哪里？

学就是觉悟

许慎说，『学，觉悟也。』『学』字最初的字音跟爻、教、校等相似，但后来的发音更接近于『穴』——『学』字的字形中有深陷的意象：教人学习一门知识，就像把人带进一个黑洞，让他钻进去，教他钻出来，获得此前不曾体验的光明。

观察“学”字的甲骨文字形，上面是交叉的爻算筹策，下面是穹屋，意思是练算习字的房屋。上面的“爻”字，既说明上古中国最重要的知识内容，即测算时间的卦爻；又可以借指中国教育在现代以前的少儿教育方式，用木棍儿、草棍儿等来学算数，来模仿加深记忆。“学”字有的甲骨文字形，在算筹两边还有手，表示手把手地教育。金文的“学”字中，房屋里加上“子”字——这个“子”既代表有知识的成年男子，即老师；又代表孩子，即学生。上下结合起来，就是“学”字的本义：即教人算数、习字的校舍。古人重视教育，很早就出现了学校，如《礼记·学记》中记载：“古之教者，家有塾，党有庠，术有序，国有学。”这里的塾、庠、序、学，都是教学之地。

“学”字后来引申为专门针对理论知识的训练，与之对应的生活实践的体验被称为“习”。孔子的名言有：“学而时习之，不亦说乎？”这里的“习”，并不单指我们现代意义上的“复习”，更多的是强调我们学习到一个理念、观点、技能，就要脚踏实地地去干，将其融会到我们的日用平常的行为里面去，有点接近于后世王阳明所提倡的“知行合一”。

许慎说：“学，觉悟也。”“学”字最初的字音跟爻、教、校等相似，但后来的发音更接近于“穴”——“学”字的字形中有深陷的意象：教人学习一门知识，就像把人带进一个黑洞，让他钻进去，教他钻出来，获得此前不曾体验的光明。直到今天，学生、年轻人还把主动去学习比喻成给自己挖坑。这种洞穴式的隐喻曾为柏拉图阐明，较之现代哲人的“白板说”，学习的“黑洞说”可能更有意义。

画家齐白石有句非常有名的话："学我者生，似我者死。"比他稍早的吴昌硕则说："学我，不能全像我。化我者生，破我者进，似我者死。"为什么他们会这么说呢？

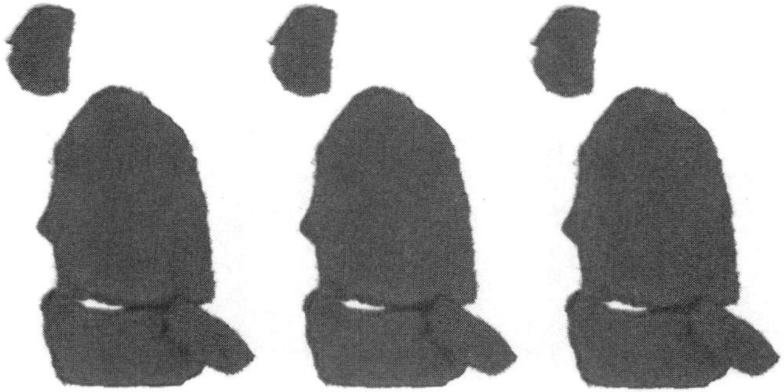

樂

好之者不如乐之者

『乐』字的本义是乐器，后来引申出『快乐』等意思。孔子说：『知之者不如好之者，好之者不如乐之者。』这里的『乐』，是以此为乐的意思。

“乐”字的甲骨文字形，是丝弦下面有一个木架子，像木枕上系着丝弦的琴。郭沫若据此认为，“乐”字的本义是“琴”。金文中的“乐”字，在丝弦中间加了一个“白”字，像是调弦之器。小篆和楷书字形承续金文，只是形象更简单明了。许慎说：“乐，五声八音总名。象鼓鞞。木，虡也。”即乐是五声八音的总称，上面像鼓鞞的样子，下面的木表示鼓鞞的支架。

“乐”音通“嫘”、通“累”，又音“luó”。嫘祖是蚕神，传说她不辞辛劳地开创了养蚕制丝的农桑史。有人因此认为，“乐（樂）”字的二丝不是音乐之弦，而是说明蚕丝的两个种类，即桑蚕吐白丝，柞蚕吐黄丝——二丝都是人们从树木上获取，如此制成衣服，快乐极了。养蚕人知道，看到蚕宝宝吐丝，心里是欢喜、快乐的。《诗经·国风·硕鼠》感叹官吏盘剥过重：“逝将去女，适彼乐土。乐土乐土，爰得我所。”我发誓要离开你们这些“大老鼠”，去往那幸福的乐土，那里才是我的好去处。白居易的《琵琶行》说：“今夜闻君琵琶语，如听仙乐耳暂明。”这里的“乐”，则是取“音乐”的意思——今夜听你弹奏琵琶诉说衷肠，像是听到了天上的仙乐，一时间眼明耳亮起来。“乐”古音“luó”，即“嫘祖”的“嫘”。后来演变出多种读音：如音乐（yuè），快乐（lè）——四川等地方言中快乐的乐仍发古音“luó”，仁者乐（yào）山。用作地名的乐，如河北乐亭还得读“lào”。跟乐相关的字还有药（藥）字，在“樂”字的上面加上草头，说明中药的本草特性，中草药有调养身体、祛病延年的功用——药到病除，不亦乐乎？

孔子说：“知之者不如好之者，好之者不如乐之者。”这里面提出了三种人：知之者，好之者，乐之者。这三种人的区别在哪里？

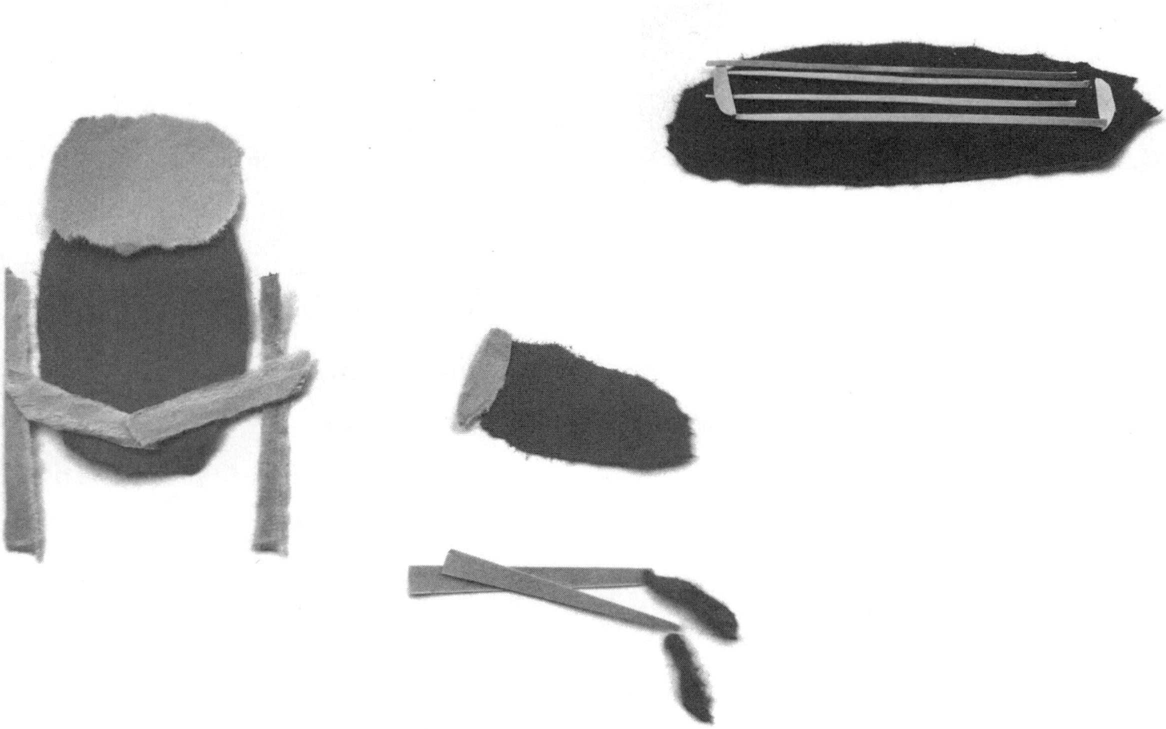

良

今夕何夕，见此良人

「良」字的本义，历来并无定论，但是善良、美好等意思已经为我们所习用。无论如何，「良」字参与生成了我们的古典文化。《诗经》里面说：「今夕何夕，见此良人？」今天到底是什么日子，居然让我遇见这样的人？

“良”字的来源，历来并无定论。许慎说：“良，善也。从畗省，亡声。”他认为，“良”这个字的意思就是善良，其字形采用有所省略的“畗”作偏旁，采用“亡”作声旁。从许慎没见过的甲骨文中看，“良”字不是形声字，而是象形字。但现代学者对这个象形字的解读又有分歧：有人认为“良”字字形像宫殿两侧迂回曲折的游廊，因此断定“良”字是宫殿区内精美的玉砌庭廊，是古代帝王侍卫、侍从、顾问、医师等听候召唤的所在，是“琅”“琊”“郎”“廊”等字的源头；有人认为，“良”字字形像是豆器中的食物散发出的香气形状，因此良的本义为香味，这样也能解释为什么良字后来引申为“善”“良好”“和悦”，还作了程度副词，有“很”“甚”的意思。

“良”字从甲骨文、金文演变到小篆时，跟“艮”字的小篆字形还能见出区别，演变到楷书时，就可以说是借用了“艮”字——即“艮”字头上加一点就是“良”字。对这个变化，有人解释说：凡有知识者都知道“艮”是八卦之一，代表山；“艮”字下面有土，即是开垦的“垦”字。经过开垦，荒凉的艮山就变成了良田；“良”字的一点就是山田上的粮食。自古至今，人们都有“向荒山要粮”的行为，有烧山开荒的经验，也有退耕还林的教训。“艮”字、“良”字组合的字还有很多，除了粮，还有食、酿等。

无论如何，“良”字参与生成了我们的古典文化。《诗经》里面说：“今夕何夕，见此良人？”今天到底是什么日子，居然让我遇见这样的人？《孟子》里面讲：“人之所不学而能者，其良能也；所不虑而知者，其良知也。”一个人不经过学习很多事情也能做，不经过思考很多事情也知道，这都是我们的良知良能在起作用。宋朝的范仲淹说：“不为良相，便为良医。”一个人若是没有机会成为一个好的宰相治理天下，也可以成为一个好医生救济万民。汤显祖写的《桃花扇》里也感叹：“良辰美景奈何天，赏心乐事谁家院？”近年来，有关王阳明的书籍很热，也有很多团体在推广、复兴“阳明学”。“致良知”是阳明心学的核心观点，这里的“良知”指的是什么？是我们所说的“良心”吗？

孝

三年无改于父之道，可谓孝矣

『孝』字通『效』，可见效法、继承是孝的行为。子女对父母长辈的孝道应体现在效法他们的优点上，若无这种继承，子女就失去了根。所以孔子才说：『父在，观其志；父没，观其行。三年无改于父之道，可谓孝矣。』

"孝"字的甲骨文字形，像是长着长头发的老人。金文字形上部是长着长头发的驼背老人，下面则是个"子"，老人的手还按着孩子的头，似乎是小孩用头扶着老人行走。楷书的写法则失去了这种象形的意味。许慎说："孝，善事父母者。从老省，从子。"他的意思是：善于侍奉父母长辈的人才被称为"孝"，字形采用省略了"匕"的"老"和"子"会意。

"孝"字的本义是尽心奉养并尊敬父母，是上一代与下一代融为一体。《诗经》中说："父兮生我，母兮鞠我。拊我蓄我，长我育我，顾我复我，出入腹我。欲报之德，昊天罔极。"父母生我养我，含辛茹苦把我喂养、拉扯大，这种养育的恩德，像是昊天一样广阔无边。"孝"字通"效"，可见效法、继承是孝的行为。子女对父母长辈的孝道应体现在效法他们的优点上，若无这种继承，子女就失去了根。所以孔子才说："父在，观其志；父没，观其行。三年无改于父之道，可谓孝矣。"

我们中国文化对孝道、孝行的观察思考，堪称首屈一指。孔子之前的朝代都有敬老的机制，《礼记·祭义》中说："有虞氏贵德而尚齿，夏后氏贵爵而尚齿，殷人贵富而尚齿，周人贵亲而尚齿。"在这里，"尚"是尊崇的意思，"齿"则指老年人。从上古时代的有虞氏到夏商周，每个时代所崇尚的东西各不相同，但是"尊老"的传统却始终如一。

《孝经》开明宗义地说："夫孝，德之本也。""夫孝，天之经也，地之义也，人之行也。"秦汉以后的王朝时代，忠孝二字相连，但"圣朝以孝治天下"几乎是汉代以后历朝历代的治理原则。虽然今天的社会提出"新二十四孝"，但传统文化中的"孝道”仍在发挥作用。至今，民间依然有“百善孝为先”的谚语。子女若是不孝顺父母，会遭受亲友邻里的指责。

孔子说：“入则孝，出则弟。谨而信，泛爱众，而亲仁。行有余力，则以学文。”这是一个由内而外，由近及远的修身的过程：在家孝顺父母，出外团结、尊敬兄弟朋友；谨言慎行，言而有信，能够博爱众人、亲近贤者。如果这些都做得很熟练了，有余力了，再去读书学习。

孔子所说的这个次序井然的修身过程，我们要如何才能将其落实到平常的生活中，一点点改变我们的身心气质呢？

知否，知否？

古人用弓矢加口来表示知，应该是对新奇经验的看重。宋代的女词人李清照有首《如梦令》：『昨夜雨疏风骤，浓睡不消残酒。试问卷帘人，却道海棠依旧。知否，知否？应是绿肥红瘦。』这首词历来被认为是伤春惜花之词，但它何尝不是对年华渐渐逝去的感叹？

“知”的字源很简单，甲骨、金文中还没发现“知”字，小篆的“知”字就是从“矢”、从“口”。许慎说：“知，词也。从口，从矢。”“知”是表达意思的措词，字形采用“口”“矢”会意。在古代，弯弓使箭是成年人的基本常识和重要经验。射箭是礼、乐、射、御、书、数在内的六艺之一，神箭手从古至今都为人称道。古人用弓矢加口来表示知，应该是对新奇经验的看重。

对知的本义有多种意见，一种认为，知的本义就是谈论打猎、行军的经验。还有人认为，矢为箭，表示可以传递得很快、可以传递到很远，“知”字就是用口相传的认识，它的本义就是通过语言所获得的认识。段玉裁认为知是“识敏，故出于口者疾如矢也”，意思是认识、知道的事物，可以脱口而出。段玉裁的理解很近于人们的经验，问一个问题，他回答得“口述如矢”，像放箭一样，又快又准，就说明他知道，他了然于胸。如果一问三不知，回答不了，或支支吾吾，就是不知也。

“知”音通“矢”，还通“质”。一个人的知识水平，决定了一个人的素质。在传统社会，射礼是判断一个人素质的重要场合。孔子说过：“君子无所争，必也射乎，揖让而升，下而饮，其争也君子。”他的意思是：作为一名君子，没有什么值得为之争斗的。一定要争，也就是在射箭的时候。那也是拱手揖让之后登场，下场之后一起喝酒。这种“争”，也是君子之争。

宋代的女词人李清照有首《如梦令》：“昨夜雨疏风骤，浓睡不消残酒。试问卷帘人，却道海棠依旧。知否，知否？应是绿肥红瘦。”这首词讲述了她酣睡一夜醒来的感受：昨夜的雨已经慢下来了，风却依然劲吹，残酒还未全醒。试着问卷帘的侍女，她说窗外的海棠依然和往常一样。但你可知道，外面应该到了绿叶肥硕、红花消瘦凋零的时候了。这首词历来被认为是伤春惜花之词，但何尝不是对年华渐渐逝去的感叹。近来有部大火的电视剧，其剧名就是这首词的最末两句：知否，知否？应是绿肥红瘦。“知”在当代社会也是一个重要现象，知识付费蜂起，大家热衷于获取新知、追赶潮流，网络上诸如“70、80后已经被时代抛弃”的言论不绝于耳。然而，“求知”真的只是“求新”“求变”吗？这样真的能解决我们内心的焦虑、紧张乃至恐慌吗？

知乎？知乎？孔子在两千多年前说：“吾有知乎哉？无知也。”这是为什么呢？

地道卑而上行

『行』字的本义是道路，后来引申出行走、通行、品行、执行、行为等意思。陆游这样告诫儿子：『纸上得来终觉浅，绝知此事要躬行。』《心经》说『行深般若波罗蜜多时』，禅宗强调『高高山顶立，深深海底行』，讲的也是这个『行』的力量。

"行"字的甲骨文、金文字形，像四通八达的十字路口；小篆字形则失去了路口形象，变成正反两个双人旁；到了隶书的时候，又恢复了金文字形。行的本义是道路，许慎说："行，道也。"后来，引申出行走、通行、品行、执行、行为等意思。《古诗十九首》里面有首《行行重行行》："行行重行行，与君生别离。相去万余里，各在天一涯。"第一句五个字就用了四个"行"，就像有首歌唱的"走啊走啊走啊走"，后面讲到的"生别离""万余里""道阻且长"，其实都在里面了。

跟"道"一样，"行"字字义的演变也非常丰富，但从道路引申出的行动之义成了行字的主要功能："与其坐而论道，不如起而行之。""我欲载之空言，不如见之于行事之深切著明也。""中行独复。""千里之行，始于足下。""三人行，必有我师焉。"这些先秦时代关于行的名言表明，先哲是注重行动的。陆游也是这样告诫儿子："纸上得来终觉浅，绝知此事要躬行。"《心经》说"行深般若波罗蜜多时"，禅宗强调"高高山顶立，深深海底行"，讲的也是这个"行"的力量。

"行"本读"háng"，三百六十行，一行两行，多为名词，估计是从道路、路口演变而来。"行"字作动词时，其音通"兴"，人如果不能行动，身心不得舒展，就没有兴致，高兴不起来。故从古代的中医到今天的流行文化，都提倡"行散"，走着走着人就轻快起来，高兴起来了。所以行走是散心，是提升人的精神情绪的方法。魏晋南北朝时期流行服食"五石散"，服完以后需要通过行走来发散药力，也被称为"行散"。针对魏晋时期的这股风气，鲁迅先生还专门写过一篇考证文章，你知道是哪篇吗？

先富带动后富

『富』的本义就是家境宽裕，有余粮酿酒。古时粮食匮乏，酒品稀有，家中有酒是富裕的标志。我们对富的现象很早就有研究，《易经》中有多处谈论富的现象，如『富以其邻』，这大概是最早的先富者带动大家共同富裕的表述了。

金文中的“富”字字形，是房屋下面有一个装东西的容器，有人说那个容器是酒坛。“富”的本义就是家境宽裕，有余粮酿酒。古时粮食匮乏，酒品稀有，家中有酒是富裕的标志。篆文中的“富”字则把酒坛容器写成了“畐”，这个“畐”其实也是容器，有充满之义，说明房屋被塞得满满的，家境好、财产多。许慎说：“富，备也。一曰厚也。”他的意思是：富就是所需要的东西家里都有，也可以说是家底厚实。

任何时代都有富裕人家。我们对富的现象很早就有研究，《易经》中有多处谈论富的现象，如“富以其邻”，这大概是最早的先富者带动大家共同富裕的表述了。《易经》还说“富家大吉”——富人家有条件行善，如此良性循环，他们的生存是很吉利的。中国人常说五福临门，《尚书》中对五福的描述是：“一曰寿，二曰富，三曰康宁，四曰攸好德，五曰考终命。”

但是，近年来也出现了“仇富”这个词。这固然与社会贫富差距过大有关，可能也隐含了普通人对“先富起来”的部分人获取财富合法性的质疑。其实杜甫早就批判过：“朱门酒肉臭，路有冻死骨。”李白则选择蔑视：“富贵于我如浮云。”孟子说：“富贵不能淫，贫贱不能移，威武不能屈。”其中“贫贱不能移”也被派生出新的意思：因为贫穷，所以没有钱移民。“富”字音通“畐”，“畐”有腹满、充满之意，也可以指幅员辽阔。富也者，福也。关于富，中国人也不仅仅认为拥有大量金钱就是富有，自古就有个词“欲壑难填”：一个亿万富翁碰到盖茨、马云，可能还是会觉得自己穷。那么，要如何才能解决这种问题呢？

贫贱夫妻百事哀

『贫』字的本义是贫穷，也引申为缺少、不足等义。唐朝诗人元稹《遣悲怀》说：『诚知此恨年年有，贫贱夫妻百事哀。』哪怕明知阴阳两隔的遗恨年年都有发生，还是忍不住想起贫贱时的诸多生活细节，一件件都是那么令人哀痛不已。短短十四个字，道尽了多少人生的不得已。

比起“富”字来，“贫”字的出现似乎稍晚一些。甲骨文、金文中不见“贫”字，籀文中的“贫”字就是从家、从分，篆文中的“贫”字从分、从贝，从分家到分财，都叫贫。《庄子》中说：“无财谓之贫。”许慎也说：“贫，财分少也。”家产因众人分割而减少，就是贫。可见，跟“穷”字本来一无所有稍有不同，贫是先有家财，后来少财乃至无财了。有返贫一词，但无返穷一说。

贫的本义是贫穷。古人说：“贫者，士之常也。”但这是在钱财上说，士在精神上还是富有的。杜甫感叹人心不古，还写了一首《贫交行》：“翻手为云覆手雨，纷纷轻薄何须数。君不见管鲍贫时交，此道今人弃如土。”“贫”音近似“萍”，贫者没有根基，也没有创造，表现浅薄，如浮萍漂泊东西。人们把没有实际东西，光靠嘴说的行为叫“耍贫嘴”。

“贫”字也引申为缺少、不足等义，刘勰在《文心雕龙·炼字》中说：“善为文者，富于万篇，而贫于一字。”一个善于做文章的人，哪怕是胸中有万篇雄文，真正写的时候还是要字斟句酌，处处用心。唐朝诗人元稹在妻子死后，写过一组悼亡诗《遣悲怀》，其中第三首末两句是：“诚知此恨年年有，贫贱夫妻百事哀。”哪怕明知阴阳两隔的遗恨年年都有发生，还是忍不住想起贫贱时的诸多生活细节，一件件都是那么令人哀痛不已。短短十四个字，道尽了多少人生的不得已。

“贫”字还有自谦的意思，像出家人就经常自称“贫僧”“贫尼”“贫道”。明末的陈继儒，对“贫”字曾经有一个简要的总结堪称金句——“贪字近贫”。他想说的是什么？

人事

天地之大德曰生

192

『生』的本义，就是草木破土萌发。《易经》说：『天地之大德曰生。』看一个人、一个空间环境是否有活力，有无生气是一个判断依据。『生』看起来容易，似乎是一个『生而有之』的自然过程，但对中国文化来说，生也是需要学习的一种能力。

在甲骨文字形中，“生”就是地上长出草芽的形状；在金文中，“土”的形状更加明显。“生”这个字的本义，就是草木破土萌发。许慎说：“生，进也。象艸木生出土上。凡生之属皆从生。”他表达的意思是：生，就是发育进化，像草木从泥土中生根发芽长出来。所有与生相关的字，都采用“生”作偏旁。《易经》说：“天地之大德曰生。”

除了本义的生长、发育等，“生”字的引申义非常丰富，如生育、养育，如生存、活着，如滋生、产生；如转世，如制造，如点燃，如救活等等。生还指生命、后生（长辈对晚辈的称呼）、学生（老师对弟子的称呼，或弟子自称）、生物、生计、读书人的通称等。像《西厢记》里面的男主角，就被称为“张生”，这里的“生”字，就兼取“年轻的”“读书人”两个含义。汉代的贾谊少有才名，一生郁郁不得志，死后都被称为“贾生”。直到唐代的李商隐，还借此感叹自己的怀才不遇：“宣室求贤访逐臣，贾生才调更无伦。可怜夜半虚前席，不问苍生问鬼神。”

“生”音通“声”，草木破土而出有开裂的声音；新生命诞生，也会哇哇出声。听到新生儿的第一声啼哭，人们就会说：“生了，生了，生下来了。”看一个人、一个空间环境是否有活力，有无生气是一个判断依据。

“生”看起来容易，似乎是一个“生而有之”自然的过程，但对中国文化来说，生也是需要学习的一种能力。“学生”一词不仅指在学校里受教育的对象，也是人们自谦时的说法。爱新觉罗·毓鋆说：“学生就是要学会生存，学会生活，学会抚慰天下苍生！”

生有它的时间属性，传统中国人对天地万物规律的认知就是：“春生，夏长，秋收，冬藏。”在春天植物破土而出，有的竹笋一晚上甚至能蹿高一两米，动物们也结束冬眠纷纷开始出来活动。那么作为“万物灵长”的人，我们在春天做些什么事情，以生发我们的心气呢？

死

朝闻道，夕死可矣

『死』就是生命的终结。我们的文化对死看得很重，又很忌讳。孔子有一句关于死的名言：『朝闻道，夕死可矣。』孔子用这句话，表达的是自己对大道的渴望，也就是寻求生命觉悟的渴望——只要见到了这个『道』，随时都可以死，了无遗憾。

在甲骨文中，“死”的字形是一个跪着的人加上一个尸骨的形象，表示跪拜凭吊死者。金文、篆文基本承续甲骨文的字形不变，隶书、楷书则把“歺”写成歹，人倒写成匕。许慎说：“死，澌也，人所离也。”他的意思是：死就是生气耗尽，表示人的生气与躯体相分离，生命结束。南宋诗人陆游在《示儿》这首诗中，就表达了这种对生命消逝的感叹：“死去元知万事空。”

还有人说，“死”字从“歹”、从“匕”，“歹”字指不得好死的死亡，“匕”则指老死即善终的死亡。生命无非这两种死法。司马迁说过：“人固有一死，或重于泰山，或轻于鸿毛。”但遗憾的是，从孔子到老百姓都对死持回避态度，不研究死亡。孔子的道理是：“未知生，焉知死。”

“死”音通“思”。人们常说“人活一口气”，呼吸的气息没有了，人就是死了；而在精神层面，人的思维活动无时无刻不跟自己的气息共呼吸，人没有了呼吸，身体没反应了，思维终止了，人就是死了。所以，思绝人死。国际卫生组织也把脑死亡作为判定生死的标准。

我们的文化对死看得很重，又很忌讳。孔子还有一句关于死的名言：“朝闻道，夕死可矣。”老百姓则说：“一死百了，死了百了。”孔子用这句话，表达的是自己对大道的渴望，也就是寻求生命觉悟的渴望——只要见到了这个“道”，随时都可以死，也了无遗憾。后来一些人则把孔子所求的“道”改成“吃喝玩乐”——意思是只要这辈子享受过了，够本了，就可以不怕死了。问题在于，“不怕死”只是一个观念、想法。就像我们从小被教育要“与人为善”，自己也希望做一个善良的人，但还是很多时候控制不住情绪，对伴侣、孩子、朋友发火，之后又后悔。“与人为善”是我们的目标，每次发火就是目标死了一次。那么，要怎么样才能真正从观念到行为都能做到呢？

游

父母在，不远游

198

对于游，古人是很重视的，儒道两家的圣哲们都有游的精神。孔子说：『父母在，不远游，游必有方。』庄子则以『逍遥游』著称，他笔下的神人能够『游乎四海之外』。李白也说过：『浮云游子意，落日故人情。』

甲骨文、金文中的“游”字，没有三点水旁，就是飘扬的旌旗加上“孩子”的“子”。这个字跟甲骨文中的“旅”字相似，不过“旅”字是旗帜加两个人。由此可知，“旅”字偏重于旅行，“游”字偏重于游学。现代社会同样如此，旅行者跟游学者差不多，只不过学生们举旗参观时，比旅行者们要多一些活力，他们确实会学习当地的文史知识，会对名胜古迹进行多角度的了解。

“游”字通“邮”，邮不停留。学子们游学，不像旅行者那么遵守纪律，而是不断地游走，像邮差一样不断地吸收交换信息。

许慎说：“游，旌旗之流也。”他的意思是：游就是旌旗末端的旖旎流苏。“游”的字形在篆文、隶书后演变、分化，加水旁表示泅水横渡，加走旁表示陆地巡行。

而“游”字从游学、游玩引申开来，有了河流的意思，如上游、下游；有了泅水的意思，如游泳；有了玩乐的意思，如游戏、云游；有了不定位的活动性，如游牧、游说，等等。

对于游，古人是很重视的，儒道两家的圣哲们都有游的精神。孔子说：“父母在，不远游，游必有方。”这句话里面最不好理解的，是“游必有方”。有的人认为“方”是方向，一定要出游的话，也需要告诉父母去哪儿了，以免他们担心；还有人认为“方”应该理解为“目标”——出去浪就算了，如果是有很明确的目标，离开父母出远门求学，这是很好的事。庄子则以“逍遥游”著称，他笔下的神人能够“游乎四海之外”。李白也说：“浮云游子意，落日故人情。”

虽然有学者以“游的精神”，来说明中国并非只是一个安土重迁的社会，但游在我们社会里长时期来具有负面性，如“游民”“游士”“游医”等，似乎这些人身上“变动不居”的特性就相当于“不靠谱”。但是孔子也自承：“志于道，据于德，依于仁，游于艺。”他为什么要强调“游于艺”呢？

戲

矮人看戏何曾见

201

『戏』音通『喜』。戏剧戏剧，一般而言，剧是悲伤的，戏是喜乐的；剧偏重于正式、官方，戏则更『接地气』。清代的赵翼写过两句诗，批评喜欢『看戏』的『庸众』：『矮人看戏何曾见，都是随人说短长。』

“戏”字首见于金文，字形从“虍”、从“豆”、从“戈”。有人说这个字的本义指古代宫中残酷的娱乐项目，让人手持戈戟，在鼓声中与虎豹猛兽搏斗。有人说，这是虎头装扮的人，拿着戈摆成花架子逗人以乐。还有人说，这是指祭祀或进餐时，有人头戴虎头面具、持戈舞蹈。从我们文化绵延千年的经验看，后两者的解释更可靠一些。汉代有首关于“戏”的乐府诗特别有意思，叫《江南》：“江南可采莲，莲叶何田田。鱼戏莲叶间。鱼戏莲叶东，鱼戏莲叶西，鱼戏莲叶南，鱼戏莲叶北。”

但许慎认为：“戏，三军之偏也。”他的意思是说：戏是三军之中附设的特殊兵种。这样就把戏当作一种兵器，以及它们所述的兵种的称谓。这个解释没有更多的证据，但我们也不能轻易否定许慎的见解。自古至今，军队确实都有特殊兵种，如进行心理战的军团，还有进行慰劳、鼓舞士气的文工团，他们忙得“像打仗一样”的行为方式就是演戏。北齐的兰陵王高长恭则相反，把打仗搞得跟演戏一样：传说他长相俊美，战功卓著，为了震慑敌军，在阵前经常戴上鬼面具。后人据这个故事还编写了《兰陵王入阵曲》，在唐代传入日本，现在还能见到。

“戏”音通“喜”。戏剧戏剧，一般而言，剧是悲伤的，戏是喜乐的；剧偏重于正式、官方，戏则更“接地气”。至今我们理解的戏也是指喜剧，如相声、小品、杂技、皮影等，形式活泼，令人开心一笑。可能老百姓的日常生活已经够辛苦了，更喜欢轻松活泼的戏调剂生活。清代的赵翼写过两句诗，批评他眼中的“庸众”：“矮人看戏何曾见，都是随人说短长。”居上位者则更看重“剧”的微言大义，老怀有“教化民众”的心思。

“戏”的词性引申即是舞台表演，如戏班、戏台、戏院等；戏还有逗乐、开玩笑的意思，如戏弄、游戏；戏有游玩活动的意思，如儿戏、马戏；戏还有不严肃的意思，如戏说、戏称等。历史上最有名的“戏”的故事，莫过于“烽火戏诸侯”——周幽王为了逗宠姬褒姒一笑，而点燃向诸侯示警、求救的烽火，后来《国语》对其有极为精辟的总结：“幽灭于戏。”这里面的“戏”，只是指“戏诸侯”这一件事吗？

多言数穷，不如守中

有人认为，上古先民最重要的经验是立竿见影，以此来测定时间、节气、风向。一竖即为立杆，中间的圆口可能是太阳，后来演变成方口，上下的飘带是太阳的阴线或风向标识，后来演变时省去了。这个能测天地时空、能测天地之中的旗杆就是中，这个地方就是中国，就是被天地厚爱之地，是可以宅卜宜居之地。

在甲骨文中，“中”字上下有旌旗和飘带，中间有一圆口，表示中心、当中。许慎说“中，内也”，即是说中是事物内部的意思。儒家经典《中庸》则是这样打了个比方：“喜怒哀乐之未发，谓之中。”我们的各种情绪，在心中都会有，它还没有发出来的时候是不可见的，这种有无之间可进可退的状态，就是“中”。

“中”字的字形很清楚，辨识却难以统一。旗杆是做什么用的？为什么中间会有一圆口？这不符合人们对旗帜的印象。有人以为是两支军队竖起旗杆，中间的圆口则表示对峙之间的非军事地带，即所谓中间地带。但这很难解释，战场上特殊地带写照的文字，居然成为中国最重要的文字之一。

有人认为，上古先民最重要的经验是立竿见影，以此来测定时间、节气、风向。一竖即为立杆，中间的圆口可能是太阳，后来演变成方口，上下的飘带是太阳的阴线或风向标识，后来演变时省去了。这种测定很容易理解两点等距的时间点，如中秋，如一年之中的夏至；很容易理解数点等距的空间点，如中央；更容易把自己经过选择而进行观测的地点当作天下之中，如河南的洛阳、驻马店、登封等地，在上古都曾经被认为是天地之中。这个能测天地时空、能测天地之中的旗杆就是中，这个地方就是中国，就是被天地厚爱之地，是宜居之地。1963年在河南宝鸡出土的何尊，就刻有“宅兹中国”四字。至今河南仍是中原的代名词，河南人的口头禅有：中不中？中。

“中”音通“重”，重有千里土之意，土居五行之中，土在五音中对应宫——宫音就是中气十足、有底气的声音。中字的“内部”的意思应该是后来的，如王维的“月出惊山鸟，时鸣春涧中”等。“多言数穷，不如守中”“惟精惟一，允执厥中”，这些“中”并不是内部的意思。“中”还形容平均的、无偏差的，如中庸，如李白的“三山半落青天外，二水中分白鹭洲”；还引申为不偏不倚的副词，如中立。至于动词，“中”有到达、达成目标的意思，如击中、命中；有受到、遭到的意思，如中暑、中伤；有合乎心意的意思，如中意、中看。

清代诗人黄景仁有首诗《绮怀》，其中的两句非常有名：“似此星辰非昨夜，为谁风露立中宵。”这里面的“中宵”两个字，指的是什么时间？为什么这里要用“中”字？

華

华枝春满，天心月圆

『华』是树木开花的意思，近代高僧弘一法师去世前留下的偈子，最后两句就是：『华枝春满，天心月圆。』有个词『春华秋实』，『华』就是外张的、耀眼的，『实』则是含蓄、收敛的，古人经常将二者对待来讲。

在甲骨文中，“华”就是一棵树上花满枝的样子，华的本义就是花。古人对花木有分类，即刚木、柔木，或植物学上的草本、木本。草本植物开花称为“荣”，木本植物开花称为“华”。许慎说“华，荣也”，就是说华是树木开花的意思。近代高僧弘一法师去世前留下的偈子，最后两句就是：“华枝春满，天心月圆。”

汉民族号称华夏民族，其实是华族、夏族、夷族、蛮族等远古族群的融合。华族大概是最早推广采摘种植的族群，就像夷族是最早善射的族群一样，华族人最早从植物的花果中找到了生存之道。“华”字因此有绚丽、美好、宝贵等意思，如精华、华年、华丽等。后来的人总结说：“中国有礼仪之大，故称夏；有服章之美，谓之华。”礼仪盛大完备所以称夏，衣服纹饰华美所以称华，道理很容易理解，但更像是后来的附会之词。

“华”音通“花”，开花后抽枝放叶、育果升华，果实高挂意味着华而有实。华的含义丰富，它美丽而有光彩，因此说华艳、华贵、华章、华彩；它意味着精英，因此说含英咀华；它用来表示繁荣以至于奢侈，因此说荣华富贵、奢华、浮华；它还指时光，因此说年华、韶华；它还是敬辞，因此说华诞、华翰。王勃在《滕王阁序》里就用“物华天宝”来赞誉南昌的物产繁盛。

有个词“春华秋实”，“华”就是外张的、耀眼的，“实”则是含蓄、收敛的，古人经常将二者对待来讲。老子在《道德经》里面就说：“大丈夫处其厚不居其薄，处其实不居其华。”大丈夫安身处世，要厚重沉稳，而不应该轻薄浮华。苏东坡在《念奴娇·赤壁怀古》里说：“多情应笑我，早生华发。”这里的“华”也通“花”，有花白的意思。

唐代诗人韦应物有首诗《月夜》，首联两句：“皓月流春城，华露积芳草。”这里的“华露”是什么意思？

有

生而不有，为而不恃

『有』字的本义是借用『手持肉食』之意，代指『持有』。《道德经》就说：『生而不有，为而不恃，功成而弗居。夫唯弗居，是以不去。』我们创造一个东西，但是不认为它是属于自己的，做成了也不会执着于认为一定是自己做成的。我们没有占住这个位置，这个事情就不会离我们而去。

甲骨文中的“有”字字形，像是手张开有所抓持。金文字形在手下加肉，突出“手持肉食”的本义。肉食是古人重要的生活物资，因此“持肉”就借代为“持有”。但随着社会的发展，“五谷丰收”也称为“有”，如《诗经》中说“岁其有”，就是说年成很好。《春秋穀梁传》中说：“五谷皆熟，为有年也。”

“有”音通“又”，又有重复连续存在的意思，“有”字古音跟“又”同音同调，意义也相同。如孔子说：“吾十有五而志于学。”如黄宗羲说：“亡国之恨顿生，檀板之声无色，有非莫生之言可尽言者矣。”

“有”字引申为获得、占有，如诸葛亮说的“孙权据有江东”。“有”字还表示存在，老子说：“天下万物生于有，有生于无。”苏轼非常著名的《水调歌头》也说：“人有悲欢离合，月有阴晴圆缺，此事古难全。”“有”还表示等待、发生、呈现，如有盼头、有期、有罪等。做形容词的时候，“有”表示一部分，如有人这么说；“有”也表示不定指，如有一天，等等。做副词时，“有”表示客气，如有请、有劳等。

“有”是哲人思辨的对象之一，老子等东西方哲人都对“有”进行过深刻的思考。《道德经》就说：“生而不有，为而不恃，功成而弗居。夫唯弗居，是以不去。”我们创造一个东西，但是不认为它是属于自己的，做成了也不居功。我们没有占住这个位置，这个事情就不会离我而去。就像我们帮助一个人，如果我们不把这个“帮助”当一回事，哪怕是这个人做出对不起我们的事情，也不会产生巨大的心理冲击，认为那人忘恩负义。那么，这件事情对我们的伤害也会轻很多。

民间则把有当作吉利、吉祥的象征，无论是

“年年有余”，还是主客之间添茶水、添酒、添饭的问候，主问：“再添一点？”客答：“还有，还有。”这都说明“有”具有幸福、吉祥等含义。“有”在中国文化里还是《易经》六十四卦之一，被称为“大有卦”，大有卦的爻辞称：“自天佑之，吉无不利。”

《东坡易传》释大有卦说：“以健济明，可以进退善恶，顺天之休命也。”这是什么意思呢？

無

唯黑暗与虚无乃是实有

『无』音通『舞』，或以为通『悟』。有来自无，世间万物，都是有无混成，从无中悟出人生宇宙的道理，即是哲人说的『唯黑暗与虚无乃是实有』，即是『向死而生』，是虚无中诞生存在，泡沫中诞生美神维纳斯……

“无”字是一个合并了的字。繁体的“無”字跟“舞”字同源，这大概表示舞蹈就是无中生有的想象或幻觉。到篆书字形时，“無”和“舞”开始分离。而简字“无”是繁体的或体字，在篆书中开始出现，其本义是头顶全秃，没有头发，表示没有。许慎在《说文》中没有单独解说“无”字，而只是在繁体“無”字下说：“無，亡也……无，奇字无。通于元者。”

“无”字光头的意思后来消失，演变为缺乏、失去，即虚无、无害、无有，如《尚书》说“无偏无党”，《荀子》说“无内人之疏，而外人之亲”。“无”字还引申为不、不要、尚未，即无须、无视等，孔子有言：“君子食无求饱，居无求安，敏于事而慎于言。”

“无”音通“舞”，或以为通“悟”。有来自无，世间万物，都是有无混成，从无中悟出人生宇宙的道理，即是哲人说的“唯黑暗与虚无乃是实有”，即是“向死而生”，是虚无中诞生存在，泡沫中诞生美神维纳斯……

跟“有”一样，“无”是传统文化重要的概念。老子最早阐明了有无的关系：“无之以为利，有之以为用。”南北朝时代的人们则提出了“贵无”的学说。现代物理学探索物质的组成，从分子、原子、粒子等一路寻找下去，竟然发现，物质之有是由空无组成的。

《金刚经》说：“一切贤圣，皆以无为法而有差别。”既然都是无为法，为什么又会有差别呢？

黑

黑夜给了我黑色的眼睛

『黑』字的本义就是黑色，在传统文化中被忽视，到近代才得到重视，比如鲁迅说：『我总要上下四方寻求，得到一种最黑、最黑、最黑的咒文……』顾城的名句：『黑夜给了我黑暗的眼睛，我却用它来寻找光明。』

"黑"字有一个字形变化的过程：在甲骨文中，"黑"字字形像一个人脸上有烟灰之类的污点；金文、小篆字形强调了污点的特征——从"囱"、从"炎"，表示焚烧出烟之盛，表示烟火熏黑之意。黑的本义就是黑色，古人烧火烹煮时头部经常靠近火堆吹火，因此脸上、身上容易沾上烟灰。这个字是很形象的。

"黑"字为什么如此发音？大概是难以考察了。有人以为是因为看到熟悉的面孔突然变成了黑白相杂的花猫脸，突然吓了一跳，嘿！但这只是猜测，无法向古人求证。黑是五色之一。不同人种的肤色，大地上的泥土，都有颜色上的差异。它引申出的意思是乌烟色，与白色相反，表示暗的，如黑暗；它还引申为暗藏的、不公开的、非法的，如黑幕、黑手、黑帮、黑道、黑名单，等等。

"黑"字在传统文化中被忽视，虽然老子早就说过，"知其白，守其黑"，但传统文化重视的是跟"黑"字相近的"玄"字，如老子说"玄之又玄，众妙之门"。"黑"字到近代才得到重视，比如鲁迅说："我总要上下四方寻求，得到一种最黑、最黑、最黑的咒文……"顾城的名句："黑夜给了我黑暗的眼睛，我却用它来寻找光明。"

黑字有其时空属性，对应的方位是北方，属性是水。那么黑色所标记的这个时空，对应的动物是什么呢？

雄鸡一声天下白

白的本义可以理解为颜色，因此它代表圣洁和高尚，如雪白、清白等等。诗人阿垅说：『要开做一枝白色花，因为我要这样宣告，我们无罪，然后我们凋谢。』它也代表明亮，李贺诗说：『我有迷魂招不得，雄鸡一声天下白。』

跟“黑”不同，人们对“白”字的来源辨识分歧较大。甲骨文中的“白”字，有人认为是舌头重叠之象，有人认为是火苗燃烧之象。如此分歧，正是白字“白费口舌”和“清楚明亮”的两大含义。金文、篆文字形中出现了“日”，有人认为，日上一竖或一撇，表示日出之前日上方的颜色，即人们说的东方泛起鱼肚白。苏东坡《前赤壁赋》结尾就说：“相与枕藉乎舟中，不知东方之既白。”有人认为，“白”字本义就是日出与日落之间的天色。

“白”音通“拜”，表示这个字的音义都跟太阳有关，对太阳的崇拜是东西方共有的现象，只不过我们的文化把这种崇拜图写成文字了。比如智慧的“智”，汉字发生学认为，知日者智；比如实事求是的“是”，汉字发生学认为，日正者是；至于个十百千的“百”，既指说不完道不尽，也指在这个日出到下一个日出之间的100次刻度，故在白之上加一横就是。

白的本义可以理解为颜色，因此它代表圣洁和高尚，如雪白、清白等。诗人阿垅说：“要开做一枝白色花，因为我要这样宣告，我们无罪，然后我们凋谢。”它也代表明亮，李贺诗说：“我有迷魂招不得，雄鸡一声天下白。”白还有口舌、说明等意思，如扯白、坦白、自白等。白有明了清楚的意思，如白话、清白等。白还有空白、不存在的意思，如白痴、空白等。白有无价值、无代价的意思，如白活、白搭等。

跟黑一样，白也有它的时空属性，它的位置在西方，属性是金，那么它对应的季节和动物分别是什么呢？

友

同门为朋，同志为友

『友』的本义就是朋友、友好。『友』音通『又』、通『由』，交友有情由。『同门为朋，同志为友。』道家思想把朋友关系看得平常，没那么多的礼节或形式感。庄子说：『相濡以沫，不如相忘于江湖。』顾炎武说：『古之高士，不臣天子，不友诸侯。』

“友”字简单，甲骨文字形就是两手靠在一起，表示援手，以手相助。金文延续这个字形，篆文有所变化，即把左右手变成上下手，到楷书时，上手再发生变化，变得美观了。

许慎说：“友，同志为友。从二又，相交友也。”可以说，友的本义就是朋友、友好。《易经》说：“二人同心，其利断金；同心之言，其臭如兰。”这是对朋友关系最美好的表达。

“友”音通“又”、通“由”，交友有情由。“同门为朋，同志为友。”道家思想把朋友关系看得平常，没那么多的礼节或形式感。庄子说：“相濡以沫，不如相忘于江湖。”顾炎武说：“古之高士，不臣天子，不友诸侯。”

但总的说来，我们的文化重视交友之道。孔子把朋友分为益友和损友：“益者三友，损者三友。友直、友谅、友多闻，益矣；友便辟、友善柔、友便佞，损矣。”《礼记·儒行》中说：“儒有合志同方，营道同术；并立则乐，相下不厌；久不相见，闻流言不信；其行本方立义，同而进，不同而退。其交友有如此者。”我们文化中向来说：“读万卷书，行万里路，交四方友。”

唐代诗人张渭在诗中感叹，交朋友一定要多花钱：“世人结交须黄金，黄金不多交不深。纵令然诺暂相许，终是悠悠行路心。”我们的文化中也有“酒肉朋友”这个词，但是，靠黄金结交的所谓“深交”，真的就靠得住吗？

文

刻在山川大地上的呼声

『文』是若干线条交错形成的团，表示古人刻画在岩石或者兽骨上，用来传达意思的图画性符号。先民在山川大地上刻下符号，是希望天地听闻人的呼声。人也通过刻画提升自身在天地中的作用，这是文明的开端。

人事

“文”字的来源极早，陶寺出土的一件陶罐上的两个字，其中之一即被解读为“文”字，它跟甲骨文中的“文”字没什么区别。文是若干线条交错形成的图案，表示古人刻画在岩石或兽骨上用来传达意思的图画性符号，算得上是最古老的象形文字。许慎说：“文，错画也，象交文。”文是交错的笔画，像交叉的纹案。

“文”字音通“闻”，先民在山川大地上刻下符号，是希望天地听闻人的呼声。人也通过刻画提升自身在天地中的作用，这是文明的开端，古人说：“经天纬地曰文，照临四方曰明。”大概也是在这个意义。汉语中的“文”字，如表示狭义的字体类型，它跟“书”字有差别。“文”刻画出来的图画性表义符号，具备较强的形象感；“书”是用笔写出来的表义符号，通常规则而抽象。汉字字体中，有“甲骨文”“金文”之名，没有“甲骨书”“金书”之称；有“隶书”“楷书”之说，没有“隶文”“楷文”之谓。篆书、篆文介于二者之间，由此可见这些字体的某种差异。先民的刻画，使得文跟自然融为一体，“文”字因此指自然界的某些现象，如天文、水文；指事物错综复杂所造成的纹理或形象，如灿若文锦；指记录语言的符号，如文字、文盲；指用文字记录下来的东西，如文凭、文献；指人类劳动成果的总结，如文物、文化；指礼节仪式，如繁文缛节；还能代指温和、非军事的等意思。

我们的文化重文轻武，故皇帝和大臣去世后得到文的谥号极为不易，尤其是大臣的谥号，司马光说：“文正是谥之极美，无以复加。”范仲淹、司马光、耶律楚材都得到过这个“文正”的谥号——“文”好理解，为什么还要加个“正”呢？

本

人或生命的本质是什么？

「本」字的本义即是树的根部，后来引申出事物的起始，并抽象为「本源」等意思，古往今来的哲人几乎都在追问，人或生命的本质是什么？宇宙的本体是什么？

在金文中，“本”字是木的根部加三点指事符号，其本义即是树的根部。后来本字演变成“木中见一”为本，其含义是事物的起始。本是一个指事字，许慎说：“本，木下曰本。从木，一在其下。”意思说树的下部叫“本”，字形采用“木”作偏旁，指事符号“一”表示位置在树的下部。

“本”音通“奔”，有人认为，树木除了向上开枝散叶，还通过主干向地下奔寻扎根。本与根组成了根本。植物生存原则可以说是，根深而叶茂。根本因此极为重要，本也因此从世间的具象树木上升到抽象的层面——古往今来的哲人几乎都在追问，人或生命的本质是什么？宇宙的本体是什么？

本的引申意义丰富。它有树根的意思，古人说：“伐木不自其本，必复生。”我们可以想象，因为根本的存在，与本有关的词语就像夏天繁茂的枝叶一样丰富。它有根据、遵循的意思，如本着某一原则；它有事物发展的源头和基础的意思，如老本、本源，司马迁说“人穷则反本”；它有起初、原来的意思，如原本、本来，诸葛亮说“臣本布衣”；它还有依据的经典或小册子的意思，如照本宣科；它有属于当事人的意思，如本分、本色，孟子说“此之谓失去本心”。

有一句诗：“草木有本心，何求美人折！”这里面的本心，指的是草木本有的根，还是说草本真的也有“心”呢？

末

明足以察秋毫之末

『末』字的本义是树梢。『末』音通『寞』，远离根本者容易落寞，古人很早就观察到『末大必折』。本为主，末为次；从细枝末节的意思中还引申出它有不重要之义，如舍本逐末。末作为事物的尾端，运用也极广，如孟子说：『明足以察秋毫之末。』

跟“本”相反，“末”字的金文是在树梢上端加一横指事符号，表示树梢、尾端。“末”和“本”都是指事字，其他跟树木相关的，如“未”是象形字，是树上枝桠重重、枝叶茂盛的样子；“果”是象形字，像树上结满球状果实；“朱”是指事字，是在树木的主干部位加一点指事符号，表示树干，一株树；“林”是会义字，像树连树的样子……

“末”音通“寞”。远离根本者容易落寞，因其本义是树梢，古人很早就观察到“末大必折”。本为主，末为次，从细枝末节的意思中还引申出它有不重要之义，如舍本逐末。末的不重要、不足道还引申来用作谦称，如古代小说经常看到一句：“末将愿往！”

末作为事物的尾端运用也极广，如孟子说：“明足以察秋毫之末。”如战国时代的门客比喻说：“譬若锥之处囊中，其末立见。”末还引申为一个时段的尾部，如末代、末世、末日，《易经》说：“《易》之兴也，其当殷之末世。”关于末世，中国文化还用了其他的称谓来指代，如衰世、季世、浊世等。

史

史家之绝唱

『史』就是用简册记事的官员，『史』音通『实』，实事求是、秉笔直书是史官的操守。辞多则史，记录多了，重大事件突显出来，时间意识、历史意识就有了，史前、历史的概念就产生了。我国文化重视历史，人们甚至说，历史乃中国人之宗教，司马迁的《史记》被称为『史家之绝唱』。

“史”的字形演变不大，在甲骨文时就从“中”、从“又”，后来变成现在的样子。许慎说：“史，记事者也。从又持中。中，正也。凡史之属皆从史。”史是宫中负责记录重大事件的官员，字形采用“又”作偏旁，像一手持“中”。中，表示记录的客观公正。所有与史相关的字，都采用“史”作偏旁。

许慎的说法应该属于后来者的想象，因为“中”字在甲骨文时代还没有简化成“史”字中的“中”，许慎附会说“中”是客观公正的意思，应属于过度解释。人们对这个“中”有不同的辨识结论，如有人以为是捕猎的长柄网，有人以为是仲裁的“仲”的本字，有人以为是放简策的容器，也有人以为就是记事用的简策。从史的演变看，中似乎是简策，史就是用简策记事的官员，《周官》有大

史、小史、内史、外史、御史、女史。其属又各有府史、胥徒史，主造文书者亦称史。

“史”音通“实”，实事求是、秉笔直书是史官的操守。辞多则史，记录多了，重大事件突显出来，时间意识、历史意识就有了，史前、历史的概念就产生了。在古代的历史学家里，司马迁的职务是太史令，人们称赞他有“良史之才”，尊称他为太史公、史迁等。孙中山说：“如史载田横事，虽以史迁之善传游侠，亦不能为五百人立传，滋可痛已。”

中国文化重视历史，“史部”是“经史子集”传统四部图书分类中的一大类别。人们甚至说，历史乃中国人之宗教，司马迁的《史记》被称为“史家之绝唱”。它的写法和孔子编订的《春秋》、司马光主持编写的《资治通鉴》有什么区别呢？

历史是什么？

歷

在古人那里，『历』就是经过的意思，有的写作『歷』。人们一般称爬山为历，过河为涉。换上日部，即是『历史』的『曆』，如此表示穿越时光、岁月。故此，两个『历』字或表示从空间上经过，或表示从时间上经过。雨果说：『历史是什么？是过去传到将来的回声，是将来对过去的反映。』

“历”字的源头有些复杂，异体字多。在甲骨文中，“歷”从“林”、从“止”，意思是穿过丛林、翻山越岭。有的字还将“林”写成“秝”，表示从庄稼地中走过。金文在甲骨文的基础上加了表示山崖的“厂”，表示攀崖过岭。篆文、楷书的写法，延续了金文字形。俗体楷书从“厂”、从“力”，跟现代简化字一样。在古人那里，历就是经过的意思，人们一般称爬山为历，过河为涉。

“历”字合并的另一繁体“曆”字，则是繁体“歷”字下面的止部省略，换上日部，即从“厂”、从“禾”、从“日”，如此表示穿越时光、岁月。故此，两个“历”字或表示从空间上经过，或表示从时间上经过。雨果说：“历史是什么？是过去传到将来的回声，是将来对过去的反映。”

对时间、节气的观察和安排，就被称为历法、历律，所以有日历、农历、阳历、岁历等词汇出现。“历”音通“力”、通“犁”，有了历法，人们就知道开犁的日子——春耕，也知道开镰的日子——秋收。缺失了农作物这一中介，现代人对历法的认知就粗浅多了。“历”字在现代人的生活中主要用来表示经过，如游历、历险；表示时间流逝，如历史、历代；表示依次，如历任等。

如前所说，“历”字意味经过时间或者空间。那么时间和空间二者是同时存在的，还是可以分割的呢？

安家了
就不再漂泊了

234

安

『安』字字形里有房有女，说明有房子有妻子，生活才能安定下来，在现代社会也如此。『安』音通『岸』，有生命旅途中上岸的意思。安家安家，家就是岸，安家了就不再漂泊了。

"安"字的字源简单，从甲骨文演变下来，都是有房有女，说明过日子踏实了，稳定了，可以静下来了。这种有房、有妻子而安定下来的情况，在现代社会也如此。古人造字时用不同的字表明不同的现象，如家中有女或娶女踏实度日为"安"；而生活富足、内心愉快为"寧"。

"安"音通"岸"，有生命旅途中上岸的意思。安家安家，家就是岸，安家了就不再漂泊了。传说炎帝神农的母亲叫安登。在汉语文化中，关心长辈的行为叫请安、问安。

安有安定、平静的意思，古人说"居安思危"。安有安适、安逸的意思，孟子说："然后知生于忧患，而死于安乐也。"陶渊明说："倚南窗以寄傲，审容膝之易安。"安有安稳的意思，杜甫说："风雨不动安如山。"安还有安居、安睡、安身、安慰、治理等含义。安也有哪里的意思，苏东坡追问说："固一世之雄也，而今安在哉？"安还有"怎么"的意思，陈胜说："燕雀安知鸿鹄之志？"李白说："安能摧眉折腰事权贵？"

除了有女则安，传统文化对安的思考极为深刻，古人认为个人知止即能安、能得，"知止而后有定，定而后能静，静而后能安，安而后能虑，虑而后能得"。故古人多有把安字作自己的字，如辛弃疾字幼安——又是"弃疾"，又是"幼安"，父母为什么这样给他取名字呢？

两情相悦即是好

在甲骨文中，『好』字从『女』、从『子』，左边是半跪的『女』，右上边是『子』，这个字应该是女人抱着孩子的情景——女人有了孩子就是好的、美满的。从另一角度上说，一个男人家中有妻子、孩子为好。也有人认为，男女亲密相处，两情相悦本身也是好。

人事

“好”字造字简单，却有很多不同的解释。在甲骨文中，“好”字从“女”、从“子”，左边是半跪的“女”，右上边是“子”，这个字应该是女人抱着孩子的情景——女人有了孩子就是好的、美满的，直到今天人们仍有这样的观念。从另一角度来说，一个男人家中有妻子、孩子为好。到篆文、隶书、楷书时，“好”字发生了变形，仍然从“女”、从“子”，但“女”和“子”的位置变成了左右平行。因此，许慎解释说，“女”“子”本身即好，“女”“子”本身意味着美，好就是美的意思。也有人认为，这个与“女”平行的“子”意味着男子，男女亲密相处，两情相悦本身也是好。

“好”音通“号”。好发这样的音，大概跟我们中国人情绪表达有关，好代表我们对世间事物极致的看法——我们喊叫出来时，是从心底里迸发出来的。至今人们在聚会、听戏时，大声喊叫出来的声音，就是好，“大声叫好”。

当然，男女之间似乎有无穷的吸引力，有号令让他和她奔向对方，形容男女相悦，可以说“他和她好上了”。“好”字还从这里引申出喜欢、珍惜、疼爱之义，如洁身自好。音调略变，好就引申为貌美的、可爱的，如“秦氏有好女”。进一步引申为美满的、令人满意的，如好心好意；引申为容易的、特别的，如好笑、好听、好香，等等。

“好”字虽好，但万事万物都是过犹不及，好花不常开，好景不常在。很多人觉得，对于自己来说，喜欢吃一个东西，当然是吃得越多越开心，你怎么看呢？

存在与时间

『存』的本义是存在，表示时间上的延续性。

『存』音通『寸』，寸阴是短，存在与时间的关系在汉字中的表达既是经验的，也是哲学的。

存在主义是现代西方的一大思潮，哲人们思考存在与虚无、存在与时间等问题，这些思考对现代人来说有安身立命的意义。

“存”字在籀文中出现，从篆文开始定型，从“才”、从“子”。有人认为“才”字形是指屋梁柱子，表示房屋；“存”字表示定居生活、传宗接代。可以说，“存”的本义是传宗接代，强调时间上的延续。它跟“在”有差异，“在”字强调空间上的支点。

但一般以为“存”字中的“才”是草木初生之态，旁边的“子”，就是男子或孩子看着初生的草木而有期待。对初生的花木禾苗蔬菜来说，人们总会一而再地看看，就像“拔苗助长”中的人那样，关心它何时才能长得茁壮。所以许慎说：“存，恤问也。从子，才声。”意思是，存这个字表示体恤而关切，字形采用“子”作偏旁，采用“才”作声旁。

存的本义是存在，表示时间上的延续性。口语中说“把酒暂时存到这里”，没人说“把酒在到这里”，引申为活着，如生存、存活等；再引申为保护、照顾、疼惜。“存”的恤问等义在古代运用得也很多，《礼记》说：“养幼少，存诸孤。”《史记》：“臣乃市井鼓刀屠者，而公子亲数存之。”“存”字还引申为留、放、保留等义，如存款、库存等。《史记》：“其存君兴国而欲反复之，一篇之中致志焉。”

“存”音通“寸”，寸阴是短，存在与时间的关系在汉字中的表达既是经验的，也是哲学的。虽然有子存焉，但人生苦短。存在主义是现代西方的一大思潮，哲人们思考存在与虚无、存在与时间等问题，这些思考对现代人有安身立命的意义。

《诗经》中说：“出其东门，有女如云。虽则如云，匪我思存。”这里的“存”字，又是什么意思呢？

在

那人却在，灯火阑珊处

『在』指代空间的存在。『在』字有房有地，本义是存活着、生存，它强调空间上的立足点。如《易经》中说『见龙在田』『飞龙在天』。『在』音通『再』，『再』是事物现象的重复，一而再；空间存在者即可再见。所以辛弃疾说：『蓦然回首，那人却在，灯火阑珊处。』

“在”字跟“存”字造形有相似之处，“存”字从“才”、从“子”，“在”字从“才”、从“土”。“才”字形被认为是房屋柱梁，也有人认为是草木初生。无论哪一种，“存”和“在”一个指代时间的延续，一个指代空间的存在。“在”字在金文、篆文中都从“才”、从“土”，许慎说：“在，存也。从土，才声。”这是说“在”是存的意思。字形采用“土”作偏旁，采用“才”作声旁。

许慎解释“存”是恤问，“在”确实也有恤问的意思，但恤问并非“在”的主要意思。《礼记》中说：“存往者，在来者。”《左传》中说：“寡人淹恤在外，二三子皆使寡人朝夕闻卫国之言，吾子独不在寡人。”这两句的“在”，就有恤问、省视、问候的意思。但“在”字更多表示生存。

“在”字有房有地，本义是存活、生存，它强调空间上的立足点。如《易经》中说“见龙在田”“飞龙在天”。“在”音通“再”，再是事物现象的重复，一而再；空间存在者即可再见。所以辛弃疾说：“蓦然回首，那人却在，灯火阑珊处。”

“在”从本义“存在”，引申为“正在进行中”之义，如在笑、在飞；还引申为处于、居于，如外在、在位；还引申为有的意思，如在理、在意等。跟“在”有关的文史名句很多，如“父母在，不远游”，“关关雎鸠，在河之洲”，“山不在高，有仙则名；水不在深，有龙则灵”。

除了存在，自在也是一个重要的词语。《心经》开篇就说：“观自在菩萨，行深般若波罗蜜多时，照见五蕴皆空，度一切苦厄。”但是有句俗语又说：“成人不自在，自在不成人。”为什么追求“自在”就不能“成人”呢？

志当存高远

志

『志』表示心之所向，内心追求的目标为志。孔子的名言是『吾十有五而志于学』。故中国人常说，志当存高远。中国文化的语境中常常教育孩子，要趁早立志，要少有大志，就是要人们早一些明白人生的方向。

“志”字的定型有演变过程。金文、篆文中的“志”是上“之”下“心”，表示心之所向，即内心追求的目标为志；隶书、楷书将“之”写成“士”，变成“士”“心”为志。什么是士？推一合十、具有全局眼光者为士，无恒产而有恒心者，惟士为能。故中国人常说，志当存高远。

“志”音通“之”，到哪里去？现代人类的三问即是：我们从哪里来？我们是谁？我们到哪里去？中国文化的语境中常常教育孩子，要趁早立志，要少有大志，就是要人们早一些明白人生的方向。“意”与“志”常连在一起使用，但意为心念，即兴而多变，三心二意是人之常情；“志”为内心目标，是特别的“意”，多化于教育，“有志者事竟成”。

现代汉语的志还兼并了“誌”等字，具有记录等义。比如《博物志》《三国志》、碑志、墓志、杂志、志乘、志书、志异等。

志的本义是志气、意愿，孔子说：“父在，观其志。”陈胜说：“燕雀安知鸿鹄之志哉！”《尚书》说：“诗言志，歌永言。”孔子还说：“吾十有五而志于学。”当代社会文化中，励志文化是一重大现象，说明当代人也希望立志，希望得到鼓励。

志有记录的意思，它也是古代记叙事物、抒发感情的一种文体，比如这一句话：“就是张华的《博物志》，也不过志其一二。”志也作标记、符号讲，如这一句话：“襄阳土俗，邻居种桑树于界上为志。”志还假借为痣，身上有痣，也可以写作身上有志。

有一天，孔子和几个弟子聊天，问他们各人的志向。子路等人的志向都很大，唯有曾皙说：“莫春者，春服既成，冠者五六人，童子六七人，浴乎沂，风乎舞雩，咏而归。”这么平淡的人生理想，却是孔子最为推崇的，为什么？

言

信言不美，美言不信

『言』的本义是说话，『言』音通『盐』，二者都在人的生活中具有重要意义，人的话语也带有情感味道。老子感慨：『信言不美，美言不信。』尽管古代的圣贤忧虑人的言语，但苏东坡仍自信言能让每一个人都树立信心，他说：『匹夫而为百世师，一言而为天下法。』

“言”是指事字，就是“舌”字加一横，甲骨、金文和篆文的字形大同小异，表示舌头发出的动作。言的本义是说话。到隶书时发生变化，舌头说话变成了三横加口的言。许慎解释说，直说叫“言”，论争辩驳叫“语”。

“言”音通“盐”，二者都在人的生活中具有重要意义，人的话语也带有情感味道。古人对话语的观察总结非常丰富：“路在鼻子底下”，“祸从口出”，“听话听音”。《易经》中说：“将叛者其辞惭；中心疑者其辞枝；吉人之辞寡；躁人之辞多；诬善之人，其辞游；失其守者，其辞屈。”

言语在东西方文化中都受到重视：在古代中国，对言语沟通技巧的把握，诞生了诸子百家中的纵横家这一流派；在西方，对言语的重视产生了演讲术、辩论家。老子感慨：“信言不美，美言不信。”孔子曾经感慨：“群居终日，言不及义，好行小慧，难矣哉！”孟子曾经感慨：“杨朱、墨翟之言盈天下。天下之言，不归杨则归墨。”尽管古代的圣贤忧虑人的言语，但苏东坡仍自信言能让每一个人都树立信心，他说：“匹夫而为百世师，一言而为天下法。”西方的经典也说：“太初有言，言与上帝同在，言就是上帝。”

古典文化有“一言千金”“一言九鼎”的说法，有这样一副对联：“万古长生，不用餐霞求秘诀；一言止杀，始知济世有奇功。”大家知道是指哪一个历史名人吗？

君子有三戒

戒的本义是警戒、戒备、防备，引申为警戒之事，孔子说过『君子有三戒』。真正把『戒』字用活的是佛教界，佛教把戒当作个人修行极重要的方法。戒在佛家有解脱之义，持戒的功夫到了就能解脱、自心清净。

“戒”是会意字，甲骨文中的“戒”就是双手持戈之象。许慎解释说，戒就是保持警惕，做好战斗准备。字形采用“廾、戈”会义，表示双手持戈，以警戒意外的发生。

“戒”音通“界”，如边界、疆界、人的界限、群己权界等。“戒”也通“界”，如《新唐书》中说：“江河为南北两戒。”北戒限制戎狄，南戒限制蛮夷，是中原的天然屏障，龚自珍为此写诗说：“从今两戒河山外，各逮而孙盟不寒。”戒的本义是警戒、戒备、防备，引申为警戒之事，孔子说过：“君子有三戒：少之时，血气未定，戒之在色；及其壮也，血气方刚，戒之在斗；及其老也，血气既衰，戒之在得。”“戒”字还引申为禁止、消除，如《易经》中说：“圣人以此齐戒，以神明其德夫。”

但真正把“戒”字用活的是佛教界，佛教把戒当作个人修行极重要的方法。戒在佛家有解脱之义，持戒的功夫到了就能解脱、自心清净。佛教的生活纪律就是戒律。戒律的基本精神是“诸恶莫作，众善奉行”。持戒是佛徒每天日课中的六度之一,六度即布施、持戒、忍辱、精进、禅定和般若智慧。

儒家也强调“知止而后有定”，这和佛教的“持戒”有何异同呢？

知止而后有定

『定』的本义是安稳，由此人们可以把它解读为确切的状态。『定』字中的『正』是止于一的意思。古人说：『知止而后有定。』跟『戒』字、『慧』字一样，『定』在佛教思想里被活用，光大起来。佛徒认为内不动心就是定。如果说持戒是完善道德品行的话，禅定就是致力于内心平静。

“定”字的字源清楚，从“宀”、从“正”。各种解释稍有不同，有人认为是归家安生，踏实度日；有人认为是正家，正家而天下定。定的本义是安稳，由此人们可以把它解读为确切的状态。

“定”音通“钉”，在口语中有承诺、保证、确定等意思，人们常对托付的人保证说：“一定，一定。”定的反义是乱、动，故定有使某物不变、不动的意思，如定位、规定。《尚书》中说：“以闰月定四时成岁。”柳宗元说：“若定是非以教吾子。”定还有“确切地预约”的意思，如定婚、预定等。

“定”字中的“正”，是止于一的意思。古人说：“知止而后有定。”跟“戒”字、“慧”字一样，“定”在佛教思想里被活用。佛法中的三摩地，又称三昧、三摩提、三摩帝、三摩底、三么地、三昧地等，被译为汉语中的“定”；佛教认为内不动心就是定。如果说持戒是完善道德品行的话，禅定就是致力于内心平静。人们常说一个人要有定力，这个定力是指禅定之力。

人们从大自然中也看到了修定的榜样：“咬定青山不放松，立根原在破岩中。千磨万击还坚劲，任尔东西南北风。”郑板桥的这首诗，主角是谁呢？

慧

知识易得，智慧难求

「慧」的本义就是聪明，有才智。在汉语语境里，「慧」一般跟「智」结合使用，智慧是比知识更重要的东西。「知识易得，智慧难求。」智的本义是精通军事，聪明、智商高；智多星有预见性。慧也指聪明，更偏重于清心净虑、抵达事物的本质。

“慧”字从“彗”、从“心”。许慎说：“慧，儇也。从心，彗声。”“慧”是敏捷聪明的意思。字形采用“心”作偏旁，采用“彗”作声旁。彗就是扫帚，彗心就是拂去俗尘，清心净虑，明心见性，慧的本义就是聪明，有才智。

在汉语语境里，“慧”一般跟“智”结合使用，智慧是比知识更重要的东西。“知识易得，智慧难求。”智的本义是精通军事，聪明、智商高；智多星有预见性。慧也指聪明，更偏重于清心净虑、抵达事物的本质。我们也可以说智偏重于指男性的聪明，慧则重指女性的聪明，如秀外慧中、慧心巧思，等等。

《大学》中说：“知止而后有定，定而后能静，静而后能安，安而后能虑，虑而后能得。”如跟佛教思想对应，静、安、虑、得等境界就属于慧的部分。佛教认为，人若没有智慧，就是没有慧命。如果我们错误影响他人致使他人误解了生命本真，这种行为就叫作断人家慧命。

那么什么是我们生命的本真？怎样才能找到呢？

觉今是而昨非

是

日正为是，正于日为是。对古人来说，太阳意味光明、温暖和丰收，正于日就是向着人生社会的正确方向。从正、直等原则引申，『是』有适宜的、正确的意思，如陶渊明说：『实迷途其未远，觉今是而昨非。』清代人刘开总结说：『是己而非人，俗之同病。』

“是”字的字形时有变化，在金文中，“是”字有日有止，除此外，还多有十字形、手形。有人认定这是夏至太阳直射的意思，表示人们手脚并用地进入农忙季节；有人认为时日恰当为是。到篆文时，“是”字就定型为从日从正。许慎说：“是，直也。从日、正。”意思就是太阳当头，正好在头顶上。

“是”音通“实”。日正为是，正于日为是。对古人来说，太阳意味光明、温暖和丰收，正于日就是向着人生社会的正确方向。在可见的天地形象中，太阳最实，许慎说过：“日，实也。太阳之精不亏。”所以比许慎更早的古人在《尔雅》中解释说：“是，则也。”说明是一种原则、方法，当代人曾流行“大是大非”，这里的“是”即为大政方针、社会风气。

从正、直等原则引申，“是”有适宜的、正确的意思，如陶渊明说：“实迷途其未远，觉今是而昨非。”清代人刘开总结说：“是己而非人，俗之同病。”“是”还引申为这、这些，如孟子的名言：“天将降大任于是人也，必先苦其心志。”“是人”，就是“这人”。

“是”跟国家、时代相连，最早是楚国孙叔敖说出来的。宋神宗支持王安石变法，司马光等绝大多数大臣反对，宋神宗就对司马光说：“今天下汹汹者，孙叔敖所谓‘国之有是，众之所恶也’。”宋神宗乃断章取义，因为孙叔敖的原话是：“国之有是，众非之所恶也。”司马光没有揭穿，仍对皇帝直言说：“然。陛下当察其是非，然后守之。今条例司所为，独安石、韩绛、吕惠卿以为是，天下皆以为非也。陛下岂能独与三人共为天下耶？”

“国是”就是国家的大政方针，人们熟知的一句话叫“共商国是”。历史上有一个有名的《定国是诏》，大家知道是哪一次变法颁布的吗？

否极泰来

古人造字，不会多余，因为『不』字本身有拒绝等义，『否』字或不开口，或吐口水，以示反对与唾弃。如《世说新语》中说：『每与之言，言皆玄远，未尝臧否人物。』否有变坏、灭绝的意思。天地如果劈开，就是天地不交，就是否。

“否”字字源简单，从“不”、从“口”，但意义略有变化。古人造字，不会多余，因为“不”字本身有拒绝等义，“否”字或不开口，或吐口水，以示反对与唾弃。故“否”是“呸”的本字，后来“否”的“唾弃”之义由“呸”代替，“否”就发展出不然、否定、拒绝、行不通等义，跟“不”同义。

“否”音通“缶”，缶是古代常用的陶器，口小，守口如瓶即是这一生活现象的写照。“否”不开口，就是不认可、不同意，《孟子》中的梁惠王说：“否，吾何快于是，将以求吾所大欲也。”“否”还有不是、没有、非确定的意思，如辛弃疾说：“廉颇老矣，尚能饭否？”

“否”音还通“劈”，劈柴有劈开、毁坏的意思，否有变坏、灭绝的意思。天地如果劈开，就是天地不交，就是否。否卦是《易经》六十四卦之一，就是指天地闭塞不通的状态，跟泰卦相对。否还引申出贬斥、邪恶、不顺、困厄等义，如否极泰来，还如《世说新语》“每与之言，言皆玄远，未尝臧否人物”。

“臧否人物”这个词中，“否”的意思是否定，那么与之对应的“臧”是什么意思呢？

玩

玩天地于掌握之中

『玩』为反复体会、研讨的意思。『玩』字还引申为轻松地活动，如玩乐、贪玩、玩赏，《淮南子》说：『玩天地于掌握之中。』读书人喜欢一本书或一块玉时常说『摩玩不已』。

"玩"字的字源简单，从"玉"、从"元"，本义就是把弄。因为对玉石等财宝好奇无知，故反复把弄、鉴赏。

"玩"音通"顽""婉""丸"，有任性、游戏之意。中国人教育小孩子，总会提醒他不要贪玩，不要玩物丧志。玩的一大境界就是"玩得团团转"。玩的本义是好奇地把弄奇珍异宝，如《颜氏家训》:"玩古知今，特可宝爱。""玩"字引申为珍宝，如古玩、珍玩，《国语》中说:"若夫白珩，先王之玩也。""玩"字还引申为反复体会、研讨，如《列子》:"玩其文也久矣。"

"玩"字还引申为轻松地活动，如玩乐、贪玩、玩赏。《淮南子》说:"玩天地于掌握之中。"读书人喜欢一本书或一块玉时常说"摩玩不已"。玩还引申为戏弄、不严肃对待，如《国语》中说:"将还玩吾国于股掌之上。"

但在传统文化中，人们对玩多持否定态度，关于玩的成语几乎都是负面性的。直到今天，人们才开始反省，给玩正名，说是"会玩的孩子真的有出息"。那么，"会玩"的孩子具有哪些非同寻常的素质呢?

夢

深夜忽梦少年事

261

梦的本义即是睡眠中的幻象，入眠后潜意识回应性地演绎日常生活。李白有诗，『我欲因之梦吴越』。白居易有诗，『夜深忽梦少年事』。陆游有诗，『铁马冰河入梦来』。那些少年心事，铁马冰河的岁月，原以为早已忘却，在梦中都回来了。

“梦”字是一个会意字。甲骨文中的“梦”，从“床”、从“眉”、从“人”，表示人睡觉后的眼皮跳动现象。梦的本义即是睡眠中的幻象。金文、篆文略有变化，如加“夕”旁，表示夜晚；隶书、楷书时省去一些要素，加以变化，但让睡觉、眉眼等线索消失了。许慎解释说，梦就是不明不白的意识。

梦音通“懵”“萌”，梦就是懵懂难知的，但梦也是有征兆的。梦是人的潜在意识的萌发。这种懵懂难知大概也是人们用梦字来命名湖泽的原因，在先秦时代，云梦泽是一个重要的地方。

梦的本义是幻象，入眠后潜意识回应性地演绎日常生活，李白有诗，“我欲因之梦吴越”。白居易有诗，“夜深忽梦少年事”。陆游有诗，“铁马冰河入梦来”。那些少年心事，铁马冰河的岁月，原以为早已忘却，在梦中都回来了。

中国文化对梦有数千年的研究，中国人的梦学至少把梦分为三种：病梦，即身体某个部位有病兆而做梦；思梦，因有所思而做梦；征梦，即预兆之梦。近代以来，西方文化对梦的研究也成为一大流派，弗洛伊德、荣格等精神分析学家都是解梦的大家。

现代人争取权益时，多会如马丁·路德·金，宣称“我有一个梦想”。现代人也认为，梦想可以改变世界。你觉得呢？到底什么是改变世界的原动力？

人事

家

有夫有妇，然后为家

「家」字最初的意义只是圈养猪的场所，人的居所、家庭等等含义是后来的意思。在我们的文化里，男女结婚就叫成家，「有夫有妇，然后为家」。

"家"是会意字，从甲骨文开始，这个字就没变过。"家"字从"宀"、从"豕"，表示屋里养着一头猪。猪驯化后是一种温顺、繁殖力旺盛的动物，圈养的猪能提供肉食保证，屋里养猪成了定居生活的标志，直到今天，南方的一些农村还有在居所内圈养猪的习惯。屋里有猪代表生活安定、舒适，这样的屋就是稳定的归宿，是温暖、美好的家。

古时男主外、女主内，屋里有猪意味有女主人照料。家室，是夫妻共同生活的场所，女人嫁了夫叫有家，男人娶了妻叫有室。"家"音通"嘉""佳"，家是好的，夫妻之间的美好相处就是伉俪佳话。

但这个通常的解释并没有成为定论。现代人质疑古人说：屋里有猪是家，屋里有牛是牢，为什么"家"和"牢"的意思差别如此之大？在上古中国，并不是所有地方的人家都能养猪，比如西北一带更适合养羊。从《孟子》中可以看出，一个八口之家，拥有五亩之宅，必须在政府"不夺农时"的条件下养猪，七十岁及以上的老年人才有"食肉"的机会。平民百姓养猪自食的机会很少，他们养猪多半是成全了贵族的需要。

可见，"家"字最初的意义只是圈养猪的场所，人的居所、家庭等含义是后来的意思。《左传》中说："天子建国，诸侯立家，卿置侧室。"意思是，天子确立诸侯，诸侯确立卿大夫，卿大夫设置次一级的大夫。为什么卿大夫的治所称为家？因为天子祭祀时用牛、羊、猪三牲大礼，称为"大牢"，诸侯祭祀时用羊、猪二牲，称为"少牢"，卿大夫祭祀时可用一头猪，称为"特牲"，庶人就不能用。

变通的办法就是有条件的人家给先人祭祀上供时用猪头表示。随着生产力的提高，庶人养猪也可以自食了，人们习惯了用猪头来祭祀祖先。久而久之，“家”比“牢”字更有广泛的代表性，家因此用来表示宗亲安居之所。而古人祭祀用的猪就是公猪，“家”音通“豭”，豭是公猪的意思。“家”字形采用“宀”作偏旁，采用省略了“叚”的“豭”作声旁。

“家”的字源极为简单，但在历史的运用中也极为丰富。它的意思是家庭居所，如回家、安家；引申为居住，如“可以家焉”；引申为对自己亲人的称呼，如家母、家兄、家翁；引申为非野生的，如家禽、家畜；引申为从业者，如农家、酒家；引申为有专门技能的人，如行家、作家、科学家、专家；引申为学术流派，如儒家、道家、法家；还引

申为一类人，如姑娘家；引申为相对各方中的一方，如公家、上家等。

家的意义丰富。在我们的文化里，男女结婚就叫成家，“有夫有妇，然后为家”。家人卦是《易经》六十四卦之一，“家有严君焉，父母之谓也”。当代的年轻人也说“父母在的地方才是家”。

中国的禅宗，将参禅求道也比喻为寻找回家的路。“道”和家有什么关系呢？

民非水火不生活

『活』就是水流发出的声音。『活』音通『火』。在古人的认知里，舌本来就通心火。有水有火才能水火既济，成就生命。有火才有鲜活的美味，才有美好的生活。活因此与死相对，孟子说：『民非水火不生活。』

“活”字在篆文中从“水”、从“聒”，表示水哗哗有声，聒耳扰人。隶书从“水”、从“舌”，表示“饶舌”的水流不断发出声音。许慎说，活就是水流发出的声音。

“活”音通“聒”，古人言语文字没有发达起来时，常有心里感受到却说不出来的时候，此时听到水声不免以为聒噪。后来自己也能说出无限丰富话语的时候，对饶舌之水的观感发生了变化。流水不腐，有舌之水才有生气，才是生命的活水。舌抵上颚就有生命的活水。民间看一个危重病人，如果舌尖无水，就无力回天。

“活”音通“火”。这种中国文字的声训或音训传统，增进了我们对一个字的理解。在古人的认知里，舌本来就通心火。有水有火才能水火既济，成就生命。活着的生命，像是一团跳动的火。在历史上，燧人氏是一个重要阶段，学会用火被恩格斯称为“人类历史的开端”。在人生社会里，不缺的是水，但火的保存和运用却困难；直到近代，中国人在生活中用火仍是一个问题，洋火一词的流行即为明证。有火才有鲜活的美味，才有美好的生活。

活因此与死相对，孟子说：“民非水火不生活。”“活”字还有救活、养活、复活等义，有生动、活泼、活动、灵活等义，有生计、劳动等义。

“活”字跟“生”字组成了“生活”，同样跟死相对，但生与活有区别。我们常说，生容易，活着难。如果说生只是指生命存在，那么活则指生命存在的方式、意义等。生是静态的，活是动态的。生是自然的，活有人的作用。

法国大革命时期的罗伯斯庇尔，掌权时杀了很多人，最后自己也被送上断头台。人们给他的墓志铭是："过往的人啊，不要为我的死悲伤！如果我活着，你们谁也活不了！"这种情况，对应了汉语中哪个跟"活"有关的常见词汇？

字体检索

天地

楷书	隶书	篆文	甲骨文
天	天	天	天
地	地	地	
宇	宇	宇	
宙	宙	宙	宙

楷书	隶书	篆文	甲骨文
金	金	金	
木	木	木	木
水	水	水	水
火	火	火	火

楷书　隶书　篆文　甲骨文

楷书　隶书　篆文　甲骨文

楷书	隶书	篆文	甲骨文
北	北	北	北
日	日	日	日
月	月	月	月
星	星	星	星

楷书	隶书	篆文	甲骨文
光	光	光	光
節	節	節	節
氣	氣	气	

山川

楷书	隶书	篆文	甲骨文
山	山		
川	川		
石	石		
雲	雲		

楷书	隶书	篆文	甲骨文
花	花		
鳥	鳥		
魚	魚		
蟲	蟲		

楷书　隶书　篆文　甲骨文

楷书　隶书　篆文　甲骨文

楷书 | 隶书 | 篆文 | 甲骨文

楷书 | 隶书 | 篆文 | 甲骨文

楷书	隶书	篆文	甲骨文
茶	茶		
寒	寒		
暑	暑		

人事

楷书	隶书
父	父
母	母
君	君
親	親

篆文　甲骨文

楷书	隶书
師	師
公	公
民	民
心	心

篆文　甲骨文

楷书	隶书	篆文	甲骨文
愛	愛	愛	
仁	仁	仁	
道	道	道	道
學	學	學	學

楷书	隶书	篆文	甲骨文
樂	樂	樂	
良	良	良	良
孝	孝	孝	
知	知	知	

行
死
富
游
貧
戲
生
中
楷书
隶书
篆文
甲骨文
楷书
隶书
篆文
甲骨文

楷书	隶书	篆文	甲骨文
華	華	華	
有	有	有	有
無	無	無	
黑	黑	黑	黑

楷书	隶书	篆文	甲骨文
白	白	白	白
友	友	友	友
文	文	文	文
本	本	本	

楷书 隶书 篆文 甲骨文

楷书 隶书 篆文 甲骨文

楷书	隶书	篆文	甲骨文
言	言	言	言
戒	戒	戒	戒
定	定	定	定
慧	慧	慧	

楷书	隶书	篆文	甲骨文
是	是	是	
否	否	否	
玩	玩	玩	
夢	夢	夢	夢

楷书　　隶书　　篆文　　甲骨文

图书在版编目（CIP）数据

汉字百讲 / 余世存，胡赳赳著. — 杭州 ：浙江人民出版社，2020. 1
（2020.8 重印）
ISBN 978-7-213-09439-2

Ⅰ. ①汉… Ⅱ. ①余… ②胡… Ⅲ. ①汉字－通俗读物 Ⅳ. ①H12-49

中国版本图书馆CIP数据核字（2019）第189373号

汉字百讲

余世存 胡赳赳 著

出版发行：浙江人民出版社（杭州市体育场路 347 号）
邮编：310006
市场部电话：（0571）85061682 85176516

策划编辑：胡俊生 余小霞
特约策划：知 所
责任编辑：张世琼
责任校对：陈 春
责任印务：刘彭年
书籍设计：张志奇工作室
电脑制版：张志奇工作室

印刷：杭州丰源印刷有限公司
开本：889 毫米 × 1194 毫米 1/32
印张：9.5
插页：2
字数：100 千字
版次：2020 年 1 月第 1 版
印次：2020 年 8 月第 2 次印刷
书号：ISBN 978-7-213-09439-2
定价：68.00 元